Heat Countermeasures in Sport Activity

Safety and Performance Enhancement in the Heat

スポーツ現場における
暑さ対策

スポーツの安全とパフォーマンス向上のために

［編著］

長谷川　博
広島大学大学院教授

中村　大輔
株式会社ウェザーニューズ

NAP
Limited

■ 著者一覧 (執筆順)

長谷川　博　広島大学大学院人間社会科学研究科

大谷　秀憲　姫路獨協大学医療保健学部

中村　大輔　株式会社 ウェザーニューズ

細川　由梨　早稲田大学スポーツ科学学術院

安松　幹展　立教大学コミュニティ福祉学部

中村　有紀　国立スポーツ科学センター

田中　英登　横浜国立大学教育学部

林　聡太郎　福山市立大学都市経営学部

中村真理子　国立スポーツ科学センター

内藤　貴司　北海学園大学法学部

浅田佳津雄　株式会社 ウェザーニューズ

笠原　政志　国際武道大学体育学科

山本　利春　国際武道大学体育学科

石橋　彩　日本学術振興会特別研究員 PD(東京大学大学院総合文化研究科)

星川　雅子　国立スポーツ科学センター

柳岡　拓磨　広島大学大学院人間社会科学研究科

はじめに

　最新のテクノロジーやサイエンスベースの思考に基づくトレーニング環境は，アスリートのトレーニングをより効率化し，彼らのパフォーマンス向上に大きく貢献している。一方，我々を取り巻く気象状況も大きく変化し，以前では想定できないような高温や突風，豪雨などがスポーツ活動時のみならず，日常の生活を脅かすようになった。アスリートの多くは，冷涼または快適環境下でトレーニングや競技を行えば，最高レベルの能力を発揮することができる。しかし現状は，世界中の多くのアスリートが暑熱環境下で試合やトレーニングを行わざるをえない状況となっている。また，我々の生活も同様に，常に熱中症の危険性と隣り合わせである。そのため，優れたアスリートであっても計画通りのトレーニングが行えずコンディションを崩し，競技大会で良い成績をおさめることが難しい。このことから，暑熱下でも心理的・身体的に良いコンディションを保つための「暑さ対策」の重要性が世界中のアスリートの間で高まっている。当然のことながら，「暑さ対策」はアスリートだけでなく一般にスポーツを行う人々，暑さの中で作業する労働者，さらには熱中症弱者と呼ばれる，子ども，高齢者，身体に障害を持つ人々にとっても関心が高いトピックであることは言うまでもない。

　この本は，暑熱環境が身体やパフォーマンスに及ぼす影響に焦点をあて，科学的なデータをわかりやすく編集した初めての書物である。一般的な熱中症予防・対処法に加え，実践的な暑さ対策としてこれまで挙げられている，水分補給，暑熱順化，身体冷却の理論的背景と実践例に加え，暑さの中でも良好なコンディションを維持するための睡眠，栄養，リカバリーを網羅することで，「スポーツ現場における暑さ対策」において，より具体

的な戦略が立てられるように配慮した。また専門書としても使用できるように、多くの文献や実践例を紹介した。このように科学的エビデンスに基づいた暑さ対策を実際のスポーツ現場で応用できる内容が充実している本書は、専門家やアスリート、コーチや学生のみならず、スポーツを愛好する一般の人々にとっても魅力的かつ役立つ内容となっている。スポーツ活動を通して、様々な環境やトレーニングに適応できる我々ヒトの身体の可能性を最大限生かすとともに、本書がアスリートから一般のスポーツを愛するすべての人々のスポーツの安全とパフォーマンス向上のプロセスを学ぶ手助けとなれば幸いである。

　最後に、ご多忙にもかかわらず執筆をお引き受けいただいた諸先生に厚くお礼申し上げます。

2021 年 6 月

長谷川　博
中村　大輔

もくじ

Part I　基本編

Part II 実践編

Part **III** スポーツにおけるコンディショニング

Part

基本編

Chapter **1**

スポーツ活動時の
体温調節

1. 体温

　私たちの体温は部位により，また環境温度によって異なる。気温や湿度が非常に高い環境（暑熱環境）では温度の高い部分が皮膚のすぐ下まで広がる。一方，環境温度が低下すると高い温度領域が体幹部と頭部に限られるため，腕や脚などの四肢の温度は低くなる。体温は，環境温度が変わってもほぼ一定の温度が保たれている脳や心臓などの臓器がある身体の**核心部**と，温度が変化しやすい**外殻部**

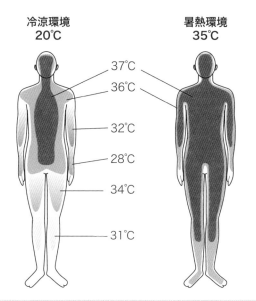

図1　環境温度と体内温度分布の模式図
身体の温度は表面の皮膚温より内部の核心温の方が高い。皮膚温は環境温度の影響を受けるが，核心温は環境温度に関係なく一定の範囲に保たれている。（文献1より改変）

2

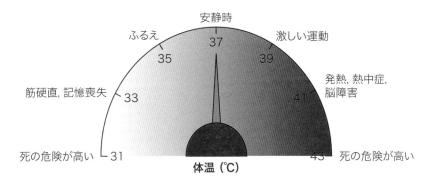

図2　体温の変化が身体に及ぼす影響
通常,体温は狭い一定の範囲に保たれている。体温が正常値から逸脱すると様々な症状が現れる。
(文献5より改変)

に分けられる (**図1**)。ヒトの核心部の体温 (**核心温,深部体温**とも呼ぶ) は通常約37℃であり,体温調節中枢がある脳の**視床下部**は,様々な体温調節システムを駆動させ,体温が37℃になるように調節している。

　一般に体温と呼んだ場合は,核心部の温度を指す。体温の測定には舌下温や腋下温がよく用いられているが,より正確な体温を測るには**食道温**や**直腸温**を用いるとよい。一方,温度の変化しやすい外殻部の温度としては**皮膚温**を測定する。

　体温が異常に上昇したり低下したりして体温調節機能が著しく障害を受けると,血液や体液を体内で循環させる働きを担当する器官である循環器系,脳や脊髄などの神経系の中枢となる中枢神経系に機能不全が起こり,生命を脅かすことにもなる。体温を一定の狭い範囲内に保つことは,身体の機能を正常に保つうえで不可欠であり,体温が37℃から数℃以上変化すると様々な障害が現れ[4,5],場合によっては命を落とすこともあるので注意が必要である (**図2**)。

2.　体温調節のしくみ

　ヒトの体温は,脳の視床下部に組み込まれたサーモスタットの働きによって,約37℃になるように調節されている。これは,代謝によって発生する熱 (**熱産生**)と身体から逃げていく熱 (**熱放散**) とがうまくバランスをとっているからである (**図3**)。主な熱産生として,生命維持のための**基礎代謝熱**,身体活動に伴う熱産

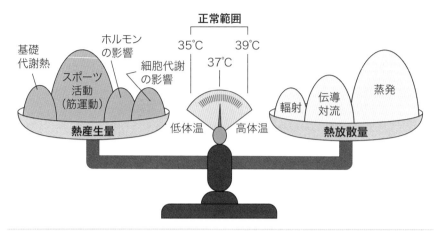

図3 熱産生と熱放散のバランス
体内では基礎代謝，筋収縮，細胞の代謝などの過程で熱が産生される。一方，熱の放散は輻射，伝導，対流，蒸発によってなされる。重りの大きさは熱産生と熱放散の各要因の寄与率を示す。

生（筋運動または筋収縮），ホルモンおよび細胞の代謝の影響などがあげられる。安静時の熱は，肝臓，脳，腎臓などの内臓で発生するが，スポーツ活動時には筋で大量の熱が発生するため，体温が上昇する。

　一方，身体各部位の熱は血液の循環によって体表に運ばれ，外環境と接触し，輻射，伝導，対流などによって体外に放散される。さらに，全身の皮膚に分布する汗腺から汗が分泌され，汗の蒸発による熱放散も起こる。熱産生と熱放散のバランスが崩れ，熱産生量が熱放散量を上回った場合には，熱が身体に蓄積され体温が上昇し，逆に熱放散量が大きくなった場合には体温が低下する。

3．運動時の体温上昇

　身体運動を行うと，筋収縮に伴う熱産生量は安静時の 10 ～ 15 倍にも増え，体温が上昇する。筋のエネルギー効率を約 20％と考えると，運動に伴う代謝エネルギーの約 80％が熱に変換されることになる。例えば体重 60 kg の人が中程度の運動をした場合，全く熱放散できなければ，体温は 30 分後には 40℃にまで達してしまい，運動を続けられなくなる。しかし実際には，30 分でせいぜい 1℃程度の体温上昇にとどまるのは，皮膚血流の増加や汗の蒸発など，人は強力な体

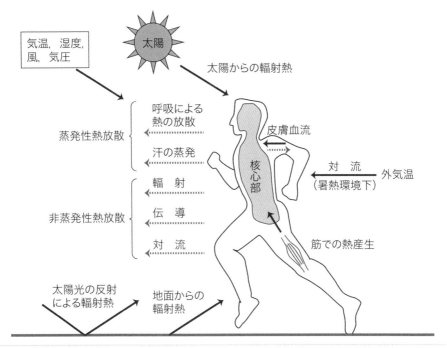

図4　運動中の熱の移動
太陽や地面からの輻射熱，環境温あるいは筋で産生される熱などが体温上昇の原因となる。環境温が身体の表面温度より高くなる暑熱環境下では，汗の蒸発が唯一の熱放散手段となる。　➡ は核心部へと取り込まれる熱の移動，⇢ は核心部から放散される熱の移動を示す。（文献2より改変）

温調節作用によって多量の熱を放散できるからである。

　図4は屋外でランニングを行っている時の体温調節の様相を示したものである[2, 7]。熱放散経路は大きく2つに分けられ，皮膚表面から**輻射，伝導，対流**によって放熱される**非蒸発性熱放散**と，皮膚表面から汗が**蒸発**することによる**蒸発性熱放散**とがある。非蒸発性熱放散は，皮膚に接する空気の温度が低いほど皮膚表面から空気へ伝わる熱が多くなり，反対に空気の温度が皮膚の温度より高い時（外気温がおよそ35℃を超える時や輻射熱の多い時）には，熱が身体に流れ込み体温が上昇する。一方，汗は皮膚表面から蒸発する時，気化熱を奪って皮膚の温度を低下させる（蒸発性熱放散）。汗の蒸発による熱放散は気温が高くても影響を受けないが，日本の夏季のように湿度が高いと汗の蒸発が制限され，熱放散の効率が低下する。

4. 運動強度と体温上昇

　運動時の適度な体温上昇は代謝速度，神経伝達速度，筋柔軟性を高めるなど，運動能力の向上に貢献している（**図5**）。しかし，環境温度が高温となり，より長時間の運動になると，体温は過度に上昇し，これらの機能が抑制され，運動効率の低下を引き起こす。つまり体温や筋温には，生体反応やパフォーマンスを向上させる**至適温度域**が存在する。

　熱産生量は運動強度に比例して大きくなり，体温も運動強度に比例して上昇し，高い水準で維持される[4, 6]（**図6**）。体温の上昇度には個人差もあるが，運動強度を相対値で比較するとその差が小さくなる。その際には，熱放散のための機構（蒸発性および非蒸発性の熱放散機構）が機能している限り，体温は一定の範囲内に維持され，生命に危険なほどには上昇しない。しかし，**図4**に示したように熱放散は環境条件の影響を受けるため，特に気温や湿度，輻射熱が高い暑熱環境下で強度の高い運動を行えば，熱産生量に見合った熱放散ができず，体温が過度に上昇してしまう。したがって，熱中症予防の観点では，環境温度が高い時には，まずは運動強度を下げて体温上昇を抑える必要がある。

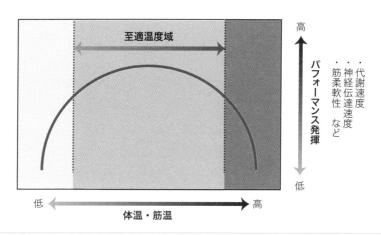

図5 体温・筋温の変化と生体反応および運動パフォーマンス
体温・筋温には，生体反応やパフォーマンスを向上させる至適温度域が存在する。温度が低い場合にはウォーミングアップによって体温をコントロールし，高い場合には冷却戦略などを用いて体温を維持する。

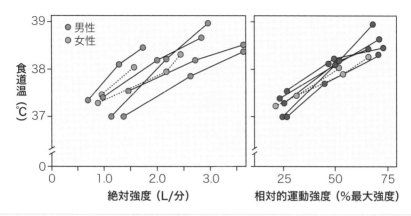

図 6　運動時の核心温と運動強度との関係
運動時に定常状態となった時の核心温（食道温）は運動強度（酸素摂取量）に比例するが，個人の体力レベルで評価した相対的な値を用いると，食道温の個差は小さくなる。
（文献 6 より改変）

5. 運動時の血流配分

　運動すると，身体は血液配分をめぐって相反する 2 つの問題を抱えることになる。すなわち，運動を続けるための筋への血液の確保と，熱放散のための皮膚への血液の確保である。つまり，運動のための**筋血流**と体温調節のための**皮膚血流**との間で，血液の奪い合いが起こる（図 4）。しかし，皮膚への血液が増加すると，多くの血液が皮膚にたまってしまい，心臓へ戻る血液の量が減少することになる。そこで，運動時には，肝臓や腎臓などの内臓の血管を収縮させて内臓への血液を減らし，なんとか心臓への血液の戻りが減少しないように調節している（図 7）[3]。

　ところが，運動強度や環境温度が高すぎると，この調節がうまくできなくなる。その結果，循環器系や中枢神経系の機能不全が起こり，生命を脅かすことさえある。スポーツ活動において環境条件を考慮して運動の強さを調整したり，暑熱環境下でも高いパフォーマンス発揮が求められるアスリートにおいて，過度な体温上昇や脱水レベルを低く抑えるために身体冷却などの暑さ対策を講じているのはこのためである。

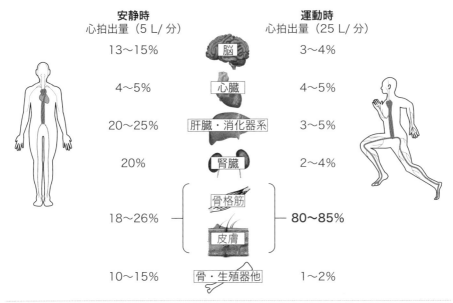

安静時 心拍出量（5 L/ 分）		運動時 心拍出量（25 L/ 分）
13〜15%	脳	3〜4%
4〜5%	心臓	4〜5%
20〜25%	肝臓・消化器系	3〜5%
20%	腎臓	2〜4%
18〜26%	骨格筋 / 皮膚	80〜85%
10〜15%	骨・生殖器他	1〜2%

図 7　安静時と運動時の血流配分率
運動時には筋組織と皮膚の血流が増大する。筋と皮膚とで限られた血液の競合が起こる。
（文献 3 より改変）

　　以上のように，スポーツ活動時の体温調節反応は，呼吸・循環系や代謝系など複数の生体調節機構が相互に関連しているため，他の調節系との相互関係を視野に入れ，総合的に戦略などを考えることが重要である。

文　献

1) Aschoff J: Wechselwirkungen zwischen Kern Scale im warmehaushalt. *Arch Physical Therapy*, 8: 113-133, 1956.
2) Gisolfi CV, Wenger CB: Temperature regulation during exercise: old concepts, new ideas. *Exerc Sport Sci Rev*,12: 339-372, 1984.
3) 堀　清記 編：TEXT 生理学，第 3 版，南江堂，東京，1999.
4) 井上芳光，近藤徳彦 編：体温 II − 体温調節システムとその適応 , ナップ，東京，2010.
5) Reilly T, Waterhouse J: *Sport, Exercise and Environmental Physiology*, Elsevier, 2005.
6) Saltin B, Hermansen L: Esophageal, rectal, and muscle temperature during exercise. *J Appl Physiol*, 21: 1757-1762, 1966.
7) 和田正信 編：ステップアップ運動生理学，杏林書院，東京，2018.

（長谷川　博）

Chapter 2

気温，湿度，気流，日射と
運動パフォーマンス

はじめに

　ヒトを取り巻く外部環境は，運動時の体温調節と競技パフォーマンスに影響を及ぼすことが知られている。環境条件として特に重要なのは，温熱環境の4要素と呼ばれる**気温，湿度，気流，日射**（輻射熱）である。運動時の気温と湿度の上昇，気流の減少，日射量の増加は体温調節系の負担を増大させ，**中枢性疲労**（脳の疲労）や**末梢性疲労**（筋と心臓血管系の疲労）を誘発して**競技パフォーマンス**を低下させる。疲労は熱中症を引き起こす主要な要因であることから，暑熱環境下のように体温上昇が大きい場合の競技パフォーマンスの低下は，熱中症の危険性を示す指標として重要となる。環境条件の競技パフォーマンスへの影響は，運動継続時間が短く体温上昇が小さい瞬発系運動ではそれほど問題とはならないが，運動継続時間が長く体温上昇が大きい持久系運動では大きな問題となる。本

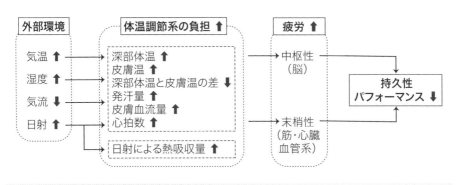

図1　運動時の外部環境が持久性パフォーマンスに及ぼす影響
気温と湿度の上昇，気流の減少，日射量の増加は体温調節系の負担を増大させる。これにより中枢性疲労や末梢性疲労が誘発され，持久性パフォーマンスは低下する。

稿では，気温・湿度・気流・日射が暑熱環境下における**持久性パフォーマンス**に及ぼす影響について概説する（**図 1**）。

1. 暑熱環境下の運動時における体温と持久性パフォーマンス

　暑熱環境下の運動時には，深部体温の上昇により持久性パフォーマンスは抑制される。運動時の深部体温上昇は中枢性疲労と末梢性疲労の両方を助長すると考えられる[6]。中枢性疲労は脳に由来する疲労であり，主に脳から運動神経を通じて活動筋へ送られる信号の発生頻度の低下により，筋機能の低下を引き起こす[3]。運動時の深部体温上昇による中枢性疲労は，深部体温が個々人の運動可能範囲の上限付近まで上昇することがその主な原因として考えられている[6]。日常的にトレーニングを行っているヒトでは深部体温が 39 〜 41℃になるまで運動の継続が可能であるのに対し[4]，トレーニング頻度の低いヒトでは深部体温が 38 〜 39℃程度になると運動の継続が困難となる[5, 9〜12]。末梢性疲労は主に骨格筋に由来する疲労であり，主に活動筋における機能障害や代謝産物の蓄積などにより，筋力と筋パワーの低下を引き起こす[3]。運動時の深部体温上昇による末梢性疲労は，深部体温上昇に伴う心臓血管系の機能低下が活動筋への酸素運搬能を低下させ，活動筋内での代謝機能を抑制することが，その主な原因として考えられている[6]。**図 2**[4]は運動開始時の深部体温が暑熱環境下（40℃）の自転車運動時（60％最大酸素摂取量強度）における疲労困憊に到達するまでの運動継続時間に及ぼす影響を表わしている。運動開始時の深部体温は 3 つの条件間で大きく異なるが，運動終了時の深部体温はすべての条件で同程度である。これは，暑熱環境下の運動時における深部体温上昇は，持久性パフォーマンスを低下させる重要な要因であることを示している。

　暑熱環境下の運動時には，皮膚温の上昇により持久性パフォーマンスが抑制される。特に，運動時の平均皮膚温（全身の皮膚温を平均化した値）が約 35℃以上になると，深部体温の大きな上昇がなくても持久性パフォーマンスは低下するものと考えられる[1,14]。**図 3**[1]は暑熱（40℃）および常温（21℃）環境下で自転車運動（50％最大酸素摂取量強度）を 15 分間全力で行った際の仕事量の変化を

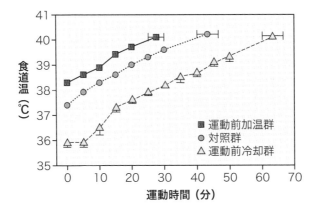

図 2　運動開始時の深部体温（食道温）が暑熱環境下の自転車運動時における運動継続時間に及ぼす影響
運動開始時の食道温は条件によって異なるが（運動前加温群：約 38.2℃, 対照群：約 37.4℃, 運動前冷却群：約 35.9℃）, 運動鍛錬者の運動終了時の値はすべての条件で同程度であった。運動継続時間は運動前加温群が 28±2 分, 対照群が 46±3 分, 運動前冷却群が 63±3 分であり, 運動前冷却群が最も長かった。（文献 4 より一部改変）

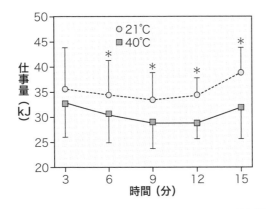

図 3　環境温が 15 分間の全力自転車運動時の仕事量に及ぼす影響
仕事量は暑熱条件（40℃）が常温条件（21℃）よりも低値を示したが, 運動終了時の深部体温（約 38.2℃）と心拍数（約 180 回/分）は両条件で同じような値を示した。条件間に差がみられたのは平均皮膚温（暑熱条件 36.2℃, 常温条件 31.1℃）のみであったことから, 暑熱環境下の運動時には大きな深部体温上昇がなくても皮膚温の顕著な上昇により持久性パフォーマンスが低下する。＊：暑熱条件が常温条件よりも有意な低値（交互作用）を示したことを表わす。
（文献 1 より一部改変）

表わしている。仕事量は暑熱条件が常温条件よりも低値を示したが，条件間に差がみられたのは平均皮膚温（暑熱条件 36.2℃，常温条件 31.1℃）のみであった。この結果は，暑熱環境下の運動時には大きな深部体温上昇がなくても皮膚温の顕著な上昇により持久性パフォーマンスが低下することを示している[1,14]。皮膚温上昇による持久性パフォーマンスの抑制は，主に深部体温と皮膚温の温度差が小さくなることによる心臓血管系の負担の増大によるものと考えられる[14]。深部体温と皮膚温の温度差の減少は心臓に戻る血液量（**静脈還流量**）を減少させるため，心臓では運動に必要な心臓から全身に送り出される血液量（**心拍出量**）を確保するために心拍数の増加を引き起こす[14]。

2. 気温と持久性パフォーマンス

気温の上昇は持久性パフォーマンスを低下させる[2]。**図 4**[2] は，気温（4℃，11℃，21℃，31℃）が自転車運動時（70%最大酸素摂取量強度）における疲労困憊に到達するまでの運動継続時間に及ぼす影響を表わしている。運動継続時間は 11℃が最も長く，気温の上昇とともに短縮していることから，持久性パフォー

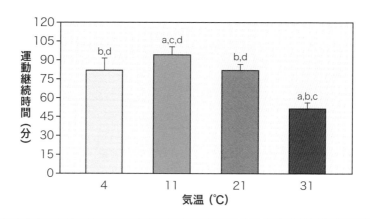

図 4　気温が自転車運動時における運動継続時間に及ぼす影響
運動継続時間は 4℃が 81±10 分，11℃が 94±6 分，21℃が 81±6 分，31℃が 52±4 分であり，持久性パフォーマンスは気温の上昇に伴い低下する。a は 4℃，b は 11℃，c は 21℃，d は 31℃に対する有意差を表わす。（文献 2 より一部改変）

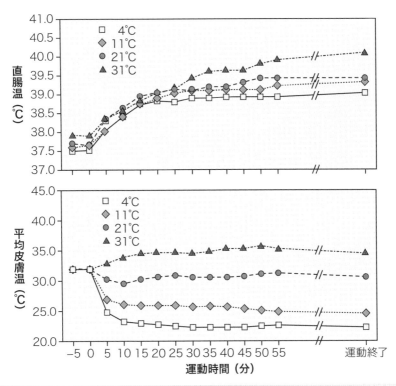

図5　気温が自転車運動時における深部体温（直腸温）と平均皮膚温に及ぼす影響
直腸温と平均皮膚温は気温の上昇に伴い高値を示している。
（文献2より一部改変）

マンスは気温の上昇に伴い低下することを示している。**図5**[2]は深部体温と平均
皮膚温の変化を表わしている。深部体温と平均皮膚温はともに31℃が最も高値
を示し，4℃が最も低値を示した。気温の上昇による持久性パフォーマンス低下
の原因は，主に気温の上昇に伴う深部体温と皮膚温の上昇および心拍数と発汗速
度（単位時間当たりの発汗量）の増加によるものと考えられる[2]。

3.　暑熱環境下における湿度と持久性パフォーマンス

　湿度（相対湿度）の上昇は暑熱環境下における持久性パフォーマンスを低下さ
せる[5]。**図6A**[5]は湿度（24%，40%，60%，80%）が暑熱環境下（30℃）の自

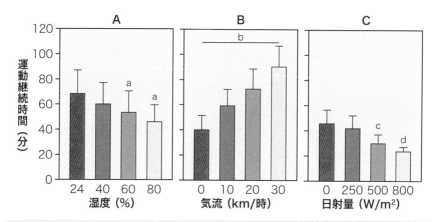

図6　湿度（A），気流（B），日射量（C）が暑熱環境下の自転車運動時における運動継続時間に及ぼす影響

すべての実験で気温は30℃，運動強度は70％最大酸素摂取量強度であった。

A：運動継続時間は24％が68±19分，40％が60±17分，60％が54±17分，80％が46±14分であった。aは24％からの有意差を表わす。（文献5より一部改変）

B：気流は2台の大型扇風機（直径1 mと0.5 m）を用い，被験者の正面から発生させた。運動継続時間は0 km/時が41±10分，10 km/時が58±13分，20 km/時が73±16分，30 km/時が90±17分であった。bはすべての条件間における有意差を表わす。（文献10より一部改変）

C：日射は日射装置（縦3 m×横2 m，メタルハライドランプ）を用い，高さ3.5 mの天井から照射して発生させた。運動継続時間は0 W/m²が46±10分，250 W/m²が43±10分，500 W/m²が30±7分，800 W/m²が23±4分であった。cは0 W/m²と250 W/m²からの有意差，dは0 W/m²，250 W/m²，500 W/m²からの有意差を表わす。

（文献12より一部改変）

転車運動時（70％最大酸素摂取量強度）における疲労困憊に到達するまでの運動継続時間に及ぼす影響を表わしている。WBGT（wet-bulb globe temperature：湿球黒球温度，暑さ指数ともいう）は24％が19.6℃，40％が23.2℃，60％が26.0℃，80％が28.4℃であった。運動継続時間は湿度の上昇とともに短縮していることから，持久性パフォーマンスは湿度の上昇に伴い低下することを示している。湿度の上昇による持久性パフォーマンス低下の原因は，主に湿度の上昇に伴う深部体温上昇速度（単位時間当たりの深部体温上昇）の増加，皮膚温の上昇および発汗速度の増加によるものと考えられる[5]。

4. 暑熱環境下における気流と持久性パフォーマンス

　気流の減少は暑熱環境下における持久性パフォーマンスを低下させる[10]。**図 6B**[10] は気流（0，10，20，30 km/時）が暑熱環境下（30℃，湿度50%）の自転車運動時（70%最大酸素摂取量強度）における疲労困憊に到達するまでの運

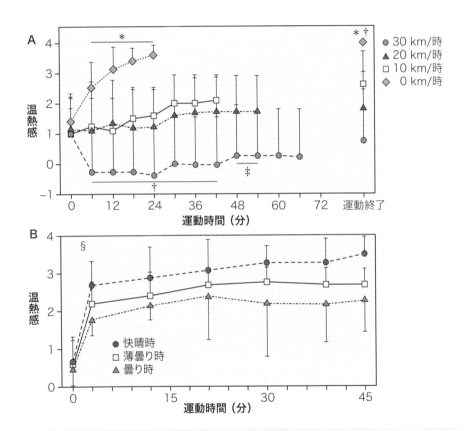

図7　気流（A）と日射条件（B）が暑熱環境下の自転車運動時の温熱感に及ぼす影響
温熱感は9段階（-4：極めて寒い〜0：何も感じない〜4：極めて暑い）で評価した。
A：温熱感は気流の減少に伴い高値を示している。*：0 km/時が他の3条件よりも有意な高値（交互作用），†：10 km/時と20 km/時が30 km/時よりも有意な高値（交互作用），‡：20 km/時が30 km/時よりも有意な高値（交互作用）を示したことを表わす。（文献10より一部改変）
B：温熱感は日射量の増加に伴い高値を示している。§：すべての条件間における有意差（条件間の主効果）を表わす。（文献12より一部改変）

動継続時間に及ぼす影響を表わしている。WBGT はすべての条件で約 26℃で
あった。運動継続時間は気流の減少とともに短縮していることから，持久性パ
フォーマンスは気流の減少に伴い低下することを示している。**図 7A**[10] は**温熱感**
（暑さ寒さの感覚）の変化を表わしている。温熱感の上昇（暑い感覚の上昇）は
持久性パフォーマンスを抑制するが[15]，温熱感は気流の減少に伴い上昇してい
る。気流の減少による持久性パフォーマンス低下の原因は，主に気流の減少に伴
う深部体温上昇速度の増加，皮膚温と温熱感の上昇，深部体温と皮膚温の温度差
の減少によるものと考えられる[10]。

5.　暑熱環境下における日射と持久性パフォーマンス

　日射量の増加は暑熱環境下における持久性パフォーマンスを低下させる[12,13]。
図 6C[12] は日射量（0，250，500，800 W/m²）が暑熱環境下（30℃，湿度
50%）の自転車運動時（70% 最大酸素摂取量強度）における疲労困憊に到達
するまでの運動継続時間に及ぼす影響を表わしている。WBGT は 0 W/m² が
25.5℃, 250 W/m² が 27.5℃, 500 W/m² が 30.0℃, 800 W/m² が 32.5℃であっ

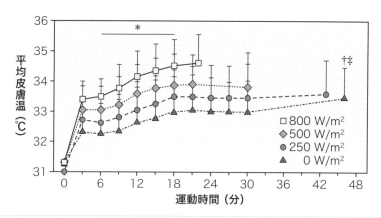

図 8　日射量が暑熱環境下の自転車運動時における平均皮膚温に及ぼす影響
平均皮膚温は日射量の増加に伴い高値を示している。＊：800 W/m² が 0 W/m² よりも有意
な高値（交互作用）を示したことを表わす。†：800 W/m² が 250 W/m² よりも有意な高値
（条件間の主効果）を示し，‡：500 W/m² が 0 W/m² よりも有意な高値（条件間の主効果）
を示したことを表わす。（文献 12 より一部改変）

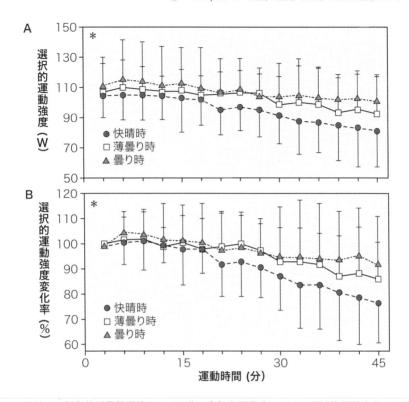

図9　屋外の日射条件が暑熱環境下の 45 分の自転車運動時における選択的運動強度に及ぼす影響
運動負荷は，被験者が「ややきつい」と感じる強度（自覚的運動強度の 13）で自由にペダル負荷と回転数を選択させた。選択的運動強度は日射量の増加に伴い低下し，運動終了時の値は運動開始 3 分後に比べ快晴時は 77%，薄曇り時は 86%，曇り時は 92% に低下した。＊：快晴時が薄曇り時と曇り時よりも有意な低値（条件間の主効果）を示したことを表わす。
（文献 13 より一部改変）

た。運動継続時間は日射量の増加とともに短縮していることから，持久性パフォーマンスは日射量の増加に伴い低下することを示している。**図 8**[12] はこの実験における平均皮膚温の変化を表わしている。平均皮膚温は日射量の増加に伴い高値を示している。

　図 9[13] は，屋外の日射条件（快晴時 1,072 ± 91 W／m²，薄曇り時 592 ± 32 W／m²，曇り時 306 ± 52 W／m²）が暑熱環境下（約 31℃）の 45 分間の自転車運動時における選択的運動強度（ペダル負荷 × 回転数）に及ぼす影響を表わし

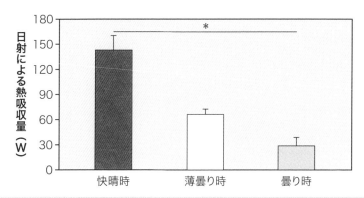

図10　屋外の日射条件が暑熱環境下の45分間の自転車運動時における日射による熱吸収量
に及ぼす影響
日射による熱吸収量は日射量の増加に伴い高値を示している。＊：すべての条件間における有
意差を表わす。（文献13より一部改変）

ている。日射角度はすべての条件で約55°，WBGTはすべての条件で約28℃で
あった。選択的運動強度は日射量の増加とともに低くなっていることから，持
久性パフォーマンスは日射量の増加に伴い低下することを示している（図9B）。
図7B[13]は温熱感の変化を，図10[13]は日射による熱吸収量を表わしている。日
射量の増加に伴い温熱感は上昇し，日射による身体の熱吸収量は増加している。
日射量の増加による持久性パフォーマンス低下の原因は，主に日射量の増加に伴
う皮膚温と温熱感の上昇，深部体温と皮膚温の温度差の減少，日射による熱吸収
量の増加によるものと考えられる[12,13]。

6.　持久性パフォーマンスの低下を抑制するための対策

　図6より，暑い環境下で長時間運動を行う際は，湿度が高い時，風が弱い時，
日射が強い時は，疲労が起こりやすく，熱中症の危険性が高いものと認識し，適
切な予防策を講じる必要がある。図11は暑熱環境下での持久性パフォーマンス
の低下と，熱中症を防ぐための環境条件ごとの対策を表わしている。暑熱環境下
で運動を行う際は，環境条件にかかわらず，風通しが良く熱を逃がしやすい服装
を選択することが必須となる。湿度については，屋外ではコントロールすること

日射量が多い時間帯（9〜15時）
には実施しない

日陰を選んで実施する
熱を逃しやすい服装を選択する

扇風機・送風機を利用する。室内であれば，空調設備を活用する

図11　暑熱環境下での持久性パフォーマンスの低下と熱中症を防ぐための環境条件ごとの対策

は不可能であるが，屋内では空調設備の活用によりできるだけ低く保つことが重要となる。気流については，屋外屋内を問わず，扇風機や送風機を用いてパフォーマンスを妨げない範囲内でなるべく強い風を発生させることが重要となる。日射については，日なたを避け日陰で運動を行うことが基本となる[13]。帽子の着用も日射の影響を軽減するために効果的である。また，日射には日内変動があるため，日射量が多い時間帯を避けて運動を行うことも，体温調節系の負担を軽減するうえで重要となる[7,8]。日射量は午前には日射角度（太陽高度）の上昇に伴い増加し続け，南中高度に達する正午付近で最高値となり，午後には日射角度の低下に伴い減少する。夏季の快晴時には，日射量は9時過ぎから15時過ぎまで800 W/m^{2}を超える強い状態が続き，16時以降に600 W/m^{2}を下回る（**図12**）[7,8]。Otaniらは夏季の快晴時における暑熱環境下の3時間の野球練習時[8]および2時間のサッカー練習時[7]には，日射量，気温，WBGTなどの暑熱負荷が増加し続ける9時からの練習よりも，それらが減少し続ける16時からの練習

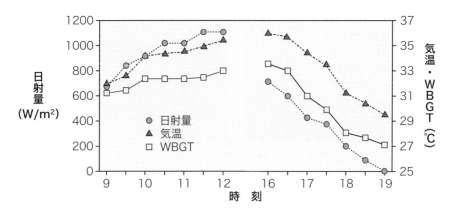

図12　夏季（8月中旬）の快晴時における野球練習時の日射量，気温，WBGTの日内変動
日射量は，午前には日射角度の上昇に伴い増加し続け，午後には日射角度の低下に伴い減少している。値は9時過ぎから15時過ぎまで800 W/m² を超える強い状態が続き，16時以降に600 W/m² を下回っている。気温とWBGTは，日射量と同様に午前は上昇し続け，午後は低下している。WBGTの評価についてはChapter 4を参照。（文献8より一部改変）

　の方が，体温調節系の負担が小さくなることを報告している（**図12**）。したがって，運動時の熱中症を防ぐためには，夏季の快晴時における屋外での運動は16時以降の実施が推奨される[7,8]。

　一方，ヒトの体温には**サーカディアンリズム**（概日リズム）が存在し，深部体温は朝5時頃が最も低く，夕方17時頃が最も高くなる。このため，朝5時から夕方17時頃までは熱産生量が熱放散量を上回り深部体温が上昇し続ける深部体温上昇相となり，夕方17時から朝5時頃までは熱放散量が熱産生量を上回り深部体温が下降し続ける深部体温下降相となる。このような体温のサーカディアンリズムにより，暑熱環境下の運動時には，深部体温上昇相である朝8時からの運動よりも深部体温が最高値となる夕方17時からの運動の方が，持久性パフォーマンスは高いことが報告されている[11]。さらに，暑熱環境下の運動時には，深部体温上昇相である朝10時からの運動よりも深部体温下降相である夜21時からの運動の方が持久性パフォーマンスは高く，運動中および運動後の熱放散反応が促進されることが報告されている[9]。したがって，熱中症を予防し，持久性パフォーマンスの低下を抑制する観点から，暑熱環境下での運動は夕方以降が望ましいものと考えられる。

文　献

1) Ely BR, Cheuvront SN, Kenefick RW, et al.: Aerobic performance is degraded, despite modest hyperthermia, in hot environments. *Med Sci Sports Exerc*, 42: 135-141, 2010.

2) Galloway SD, Maughan RJ: Effects of ambient temperature on the capacity to perform prolonged cycle exercise in man. *Med Sci Sports Exerc*, 29: 1240-1249, 1997.

3) Gandevia SC: Spinal and supraspinal factors in human muscle fatigue. *Physiol Rev*, 81: 1725-1789, 2001.

4) González-Alonso J, Teller C, Andersen SL, et al.: Influence of body temperature on the development of fatigue during prolonged exercise in the heat. *J Appl Physiol*, 86: 1032-1039, 1999.

5) Maughan RJ, Otani H, Watson P: Influence of relative humidity on prolonged exercise capacity in a warm environment. *Eur J Appl Physiol*, 112: 2313-2321, 2012.

6) Nybo L: Hyperthermia and fatigue. *J Appl Physiol*, 104: 871-878, 2008.

7) Otani H, Goto T, Goto H, et al.: Solar radiation exposure has diurnal effects on thermoregulatory responses during high-intensity exercise in the heat outdoors. *J Strength Cond Res*, 33: 2608-2615, 2019.

8) Otani H, Goto T, Goto H, et al.: Time-of-day effects of exposure to solar radiation on thermoregulation during outdoor exercise in the heat. *Chronobiol Int*, 34: 1224-1238, 2017.

9) Otani H, Kaya M, Goto H, et al.: Rising vs. falling phases of core temperature on endurance exercise capacity in the heat. *Eur J Appl Physiol*, 120: 481-491, 2020.

10) Otani H, Kaya M, Tamaki A, et al.: Air velocity influences thermoregulation and endurance exercise capacity in the heat. *Appl Physiol Nutr Metab*, 43: 131-138, 2018.

11) Otani H, Kaya M, Tamaki A, et al.: Diurnal effects of prior heat stress exposure on sprint and endurance exercise capacity in the heat. *Chronobiol Int,* 35: 982-995, 2018.

12) Otani H, Kaya M, Tamaki A, et al.: Effects of solar radiation on endurance exercise capacity in a hot environment. *Eur J Appl Physiol*, 116: 769-779, 2016.

13) Otani H, Kaya M, Tamaki A, et al.: Exposure to high solar radiation reduces self-regulated exercise intensity in the heat outdoors. *Physiol Behav*, 199: 191-199, 2019.

14) Sawka MN, Cheuvront SN, Kenefick RW, et al.: High skin temperature and hypohydration impair aerobic performance. *Exp Physiol*, 97: 327-332, 2012.

15) Schlader ZJ, Simmons SE, Stannard SR, et al.: Skin temperature as a thermal controller of exercise intensity. *Eur J Appl Physiol*, 111: 1631-1639, 2011.

（大谷　秀憲）

Chapter 3

脱水と
運動パフォーマンス

はじめに

　脱水とは，発汗などで体水分量が減少することを指す。人の体水分量は成人でお
よそ身体全体の 60％であり，40％が細胞内，15％が細胞間（間質液），残りの 5％
が血管内（血漿）に存在する。暑熱環境で運動を行うと熱産生が増加するが，その
際体温を一定に保つための機能として発汗が重要な役割を果たす。汗は体液から作
られるため，大量の発汗は体水分量の減少へとつながる。汗のほとんどは水分であ
るが，わずかながらナトリウムなどのイオンも含まれる。水分が失われると血漿中
のイオン濃度が上昇し，浸透圧が高くなるので，細胞間や細胞内から血漿へ水分の
移動が起こる。その結果，細胞の内外で水分が少ない状態となり，パフォーマンス
のみならず，代謝によって生じた熱の移動，心理的側面，さらには運動からの回復
過程などに影響を及ぼすことになる[14]。一般に，脱水が体重の 2％を超えると運動

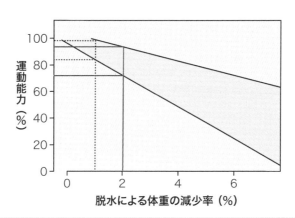

図 1　脱水による運動能力の低下
一般に，脱水による体重減少率が 2％を超えると運動能力の低下が起こると言われているが（赤
の実線），場合によっては 2％未満でも運動能力の低下がみられる（黒の破線）。

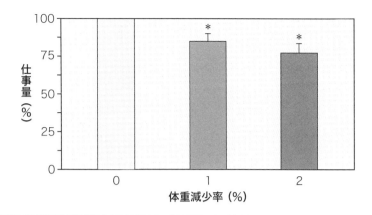

図2　子どもにおける脱水による持久性パフォーマンスの低下
子ども（10 〜 12 歳）も大人と同様に，発汗による体重減少によって仕事量（最大酸素摂取量の 90％の強度での自転車ペダリング）が低下する。＊は 0 パーセントに比べて有意に低下していることを示す。（文献 22 より引用）

パフォーマンス，特に持久性パフォーマンスが低下する[1]（**図1**）。子ども（10 〜 12 歳）においても，大人と同様に，脱水によって比較的長時間の高強度自転車ペダリングパフォーマンスが低下する（**図2**）[22]。また，持久力のみならず筋力，瞬発力，認知機能も，脱水によって影響を受ける。本稿では，脱水が運動パフォーマンスや認知機能へ与える影響について述べる。

1. 脱水による持久性パフォーマンスへの影響

1.1　脱水によって持久性パフォーマンスが影響を受ける背景

　暑熱環境下の運動時には，発汗によって血漿量が減少し，その結果，運動時における 1 回拍出量の低下や，それを補うための心拍数の増加が起こる[9]。また，活動筋への血流量の低下や[9]，筋におけるエネルギー代謝の変化[7] などとも関係し，結果的に持久性運動の継続が困難になる。さらに，深部体温や皮膚温の過度な上昇も，持久性パフォーマンスを低下させる。これらのことから，持久性の運動を行う際には，過度な脱水を防ぐための水分補給や身体冷却などの暑さ対策を欠くことができない（**図3**）。

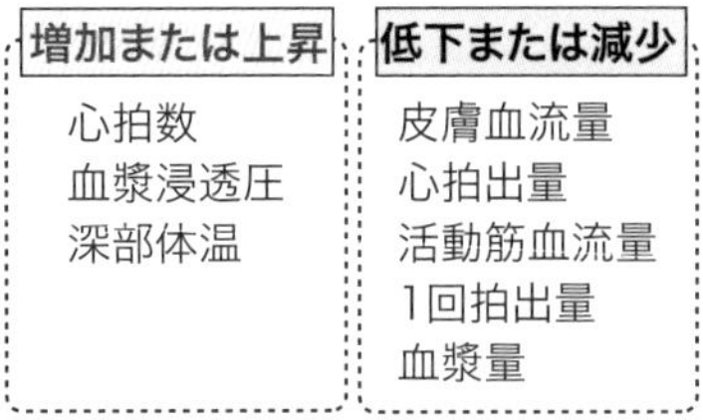

増加または上昇	低下または減少
心拍数 血漿浸透圧 深部体温	皮膚血流量 心拍出量 活動筋血流量 1回拍出量 血漿量

図3　脱水による各指標への影響
発汗などにより体水分（血液）が失われると，心拍出量の減少や心拍数の増加が起こり，結果として持久性運動能力が影響を受ける。

1.2　実際のスポーツ活動における持久性パフォーマンスと脱水レベル

　マラソンのゴールタイムとレース後の体重減少率との関係をみると，レース後の脱水率が2%付近の選手の記録が4時間台であるのに対し，2時間20分以内でゴールしている選手では脱水率が4〜8%にも及ぶ[5]。基本的には脱水レベルが2%を超えると持久性パフォーマンスは影響を受けるが，その影響の程度は競技レベルやトレーニング状況，個人の体力特性などとも関係する（**図4**）。

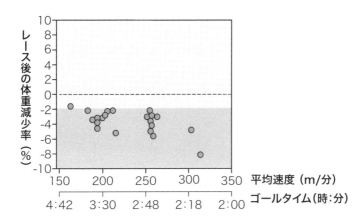

図4　マラソンのゴールタイムとレース後の体重減少率
2時間台で走るランナーは，レース後の体重減少率が2%を超えている。（文献 11 より引用）

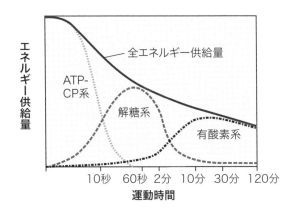

図5　運動時間と運動時におけるエネルギー（ATP）供給のイメージ（文献21より作図）

2. 脱水による筋力発揮への影響

2.1　脱水によって筋力発揮が影響を受ける背景

　単回の**筋力発揮**は，細胞内に蓄えられている ATP やクレアチンリン酸（CP）などのエネルギー基質を利用して行われる（**図5**）。そのため，その低下には，循環系の要因（血液量の減少や心拍出量の低下など）とは別の要因も関係する。脱水によって，筋の活動電位，細胞内代謝，緩衝系などが影響を受け[10]，その結果，筋力発揮が低下する。また，脱水状態になっているというネガティブな心理的側面も筋力発揮の低下に関係する[2,8]。

2.2　実際のスポーツ活動における筋力発揮と脱水レベル

　実際のスポーツ活動中には，単回の筋力発揮だけでなく，目的に応じた筋力発揮や，複数の筋が複雑に関与した筋力発揮が継続して行われるため，結果として持久的な要因もパフォーマンス発揮に関係する。このような筋力発揮では，脱水（3～4％）によってそのパフォーマンスが10％低下するが[10]，これは上記の影響に加え，脱水により循環系の指標が影響を受けることとも関係する。無酸素系種目のアスリートと比較して持久系のアスリートでは脱水による筋力発揮の低下が少ないことや[4]，筋力発揮に重要な役割を果たすクレアチンリン酸の回復と持

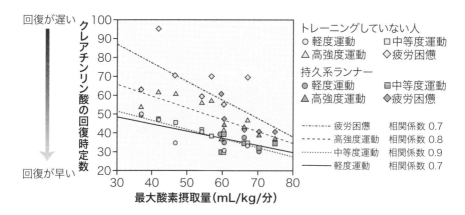

図6　最大酸素摂取量とクレアチンリン酸の回復時間との関係
それぞれの運動強度における運動後のクレアチンリン酸の回復をみると，いずれの強度で運動を行っても最大酸素摂取量が高い方が回復も早い傾向にある。（文献 19 より引用）

久力に関係があることを考えると（**図6**）[19]，繰り返しの筋力発揮が要求される短時間の競技種目であっても，脱水による影響を最少限にするための対策が重要である。

3.　脱水によるスプリント，ジャンプ力への影響

3.1　脱水によってスプリント，ジャンプ力が影響を受ける背景

　3％の脱水によって自転車全力ペダリングや 5 ～ 10 m のスプリントパフォーマンスが影響を受ける[12, 23]。脱水によってスプリントパフォーマンスやジャンプ力が影響を受ける背景には，前述の筋力発揮と同様の要因が挙げられるが，脱水に至る前に疲労してしまうなどの影響も考えられる[6]。

3.2　実際のスポーツ活動におけるスプリントおよびジャンプ
パフォーマンスと脱水レベル

　暑熱環境下で行われたサッカーの試合前後における 30 m スプリントの繰り返しおよびジャンプのパフォーマンスをみると，両方とも試合後に低下している（図7）[15]。この低下は試合後でみられることから，いわゆる「疲労」の影響も考え

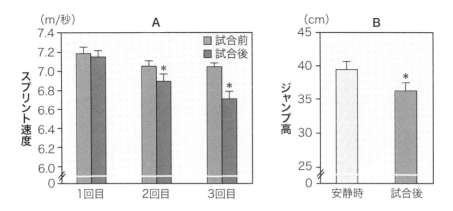

図7　暑熱環境下で行われたサッカーの試合前後におけるスプリントおよびジャンプパフォーマンスの変化
スプリント速度（**A**），ジャンプ高（**B**）ともに試合後に低下したが，この時の脱水率は2%を超えていた。＊はそれぞれ試合前および安静時と比較して有意に低下していることを示す。
（文献15より引用）

られるが，試合後の脱水率が2%を超えていたことから，体温上昇に伴う脱水によってこれらのパフォーマンスが影響を受けたと考えられる。

4. 脱水による認知機能への影響

4.1　脱水によって認知機能が影響を受ける背景

　スポーツにおけるパフォーマンス発揮には，持久力や筋力などの行動体力のほか，様々な状況に応じてプレーの選択を行う能力，つまり認知機能も関係する。認知機能の中でも思考，行動，情動の制御に関係する実行機能によって[16]，相手より有利となるように瞬時にプレーの選択の判断が下される[18]。脱水によって認知機能が影響を受ける要因には，脳血流への影響[3, 20]，脳内での神経伝達物質への影響[13] などが挙げられ，また脱水によるネガティブな心理的変化も認知機能に影響を与える。さらに，脱水とも関連する深部体温の過度な上昇も，認知機能に影響を与える（**図8**）[18]。

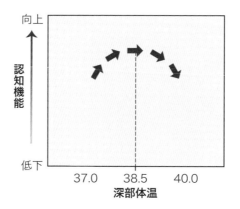

図8　認知機能と深部体温との関係
認知機能は，深部体温の過度な上昇（38.5℃を超える）によって低下する。（文献18より作図）

4.2　実際のスポーツ活動における認知機能と脱水レベル

　実際の暑熱環境下におけるスポーツ活動中のプレーの選択は，脱水のみならず，体温上昇，疲労の蓄積，心理的要因など様々な要因の影響を受ける。2014年に行われたFIFAワールドカップブラジル大会でのイエローカードやレッドカードの枚数に関する調査は，大変興味深い。広大なブラジル全土で試合が行われたこの大会は，会場によって気象条件が大きく異なっていた。この大会では，環境ストレスが低い試合会場では，警告（2枚で退場）の枚数が多かった一方で，1回で退場となり1人少ない状況でプレーを行うことになるレッドカードが提示された試合は1度もなかった（**表1**）[17]。スポーツ活動中の認知機能を脱水との関係で評価することは難しく，またプレーの選択については様々な情報（得点，相手の状況，時間経過なども含めて）の下で判断が下され実行されることは言うまでもないが，高体温状態になると認知機能が影響を受けることを考えると，深部体温の上昇やそれに伴う脱水は認知機能とも関連があると言える。

　以上，脱水が運動パフォーマンスや認知機能へ与える影響について述べた。脱水によって，持久性パフォーマンスだけでなく，筋力発揮や認知機能も影響を受けるため，暑熱環境下の運動時には，水分補給や身体冷却に加え，運動前からの脱水を避けるためコンディション評価を適切に行うことも必要である。

表 1　2014 FIFA ワールドカップブラジル大会における各環境ストレス下の
イエローカード・レッドカードの枚数

	環境ストレス		
	低い	適度	高い
総試合数	28	20	16
総イエローカード数	77	53	48
総レッドカード数	0	3	4

（文献 17 より引用）

文　献

1) American College of Sports Medicine position stand. Exercise and fluid replacement. *Med Sci Sports Exerc*, 39: 377-390, 2007.

2) Azevedo R, Silva-Cavalcante MD, Gualano B, et al.: Effects of caffeine ingestion on endurance performance in mentally fatigued individuals. *Eur J Appl Physiol*, 116: 2293-2303, 2016.

3) Carter R, 3rd, Cheuvront SN, Vernieuw CR, et al.: Hypohydration and prior heat stress exacerbates decreases in cerebral blood flow velocity during standing. *J Appl Physiol*, 101: 1744-1750, 2006.

4) Caterisano A, Camaione DN, Murphy RT, et al.: The effect of differential training on isokinetic muscular endurance during acute thermally induced hypohydration. *Am J Sports Med*, 16: 269-273, 1988.

5) Cheuvront SN, Montain SJ, Sawka MN: Fluid replacement and performance during the marathon. *Sports Med*, 37: 353-357, 2007.

6) Gisolfi CV, Lamb DR: *Fluid Homeostasis During Exercise*. Cooper Publishing Group, Traverse City, pp.1-31, 1990.

7) Febbraio MA: Does muscle function and metabolism affect exercise performance in the heat? *Exerc Sport Sci Rev*, 28: 171-176, 2000.

8) Franco-Alvarenga PE, Brietzke C, Canestri R, et al.: Caffeine improved cycling trial performance in mentally fatigued cyclists, regardless of alterations in prefrontal cortex activation. *Physiol Behav*, 204: 41-48, 2019.

9) Gonzalez-Alonso J, Calbet JA, Nielsen B: Muscle blood flow is reduced with dehydration during prolonged exercise in humans. *J Physiol*, 513 (Pt 3): 895-905, 1998.

10) Judelson DA: Hydration and muscular performance: Does fluid balance affect strength, power and high-intensity endurance? *Sports Med*, 37: 907-921, 2007.

11) Kenefick RW: Drinking strategies: planned drinking versus drinking to thirst. *Sports Med*, 48: 31-37, 2018.

12) Magal M, Webster MJ, Sistrunk LE, et al.: Comparison of glycerol and water hydration regimens on tennis-related performance. *Med Sci Sports Exerc*, 35: 150-156, 2003.

13) Maughan RJ, Shirreffs SM, Watson P: Exercise, heat, hydration and the brain. *J*

Am Coll Nutr, 26: 604s-612s, 2007.

14) McDermott BP, Anderson SA, Armstrong LE, et al.: National Athletic Trainers' Association position statement: fluid replacement for the physically active. *J Athl Train*, 52: 877-895, 2017.

15) Mohr M, Mujika I, Santisteban J, et al.: Examination of fatigue development in elite soccer in a hot environment: a multi-experimental approach. *Scand J Med Sci Sports*, 20(Suppl 3): 125-132, 2010.

16) 森口佑介：実行機能の初期発達, 脳内機構およびその支援. 心理学評論, 58: 77-88, 2015.

17) Nassis GP, Brito J, Dvorak J, et al.: The association of environmental heat stress with performance: analysis of the 2014 FIFA World Cup Brazil. *Br J Sports Med*, 49: 609-613, 2015.

18) Schmit C, Hausswirth C, Le Meur Y, et al.: Cognitive functioning and heat strain: performance responses and protective strategies. *Sports Med*, 47: 1289-1302, 2017.

19) Takahashi H, Inaki M, Fujimoto K, et al.: Control of the rate of phosphocreatine resynthesis after exercise in trained and untrained human quadriceps muscles. *Eur J Appl Physiol Occup Physiol*, 71: 396-404, 1995.

20) Trangmar SJ, Gonzalez-Alonso J: Heat, hydration and the human brain, heart and skeletal muscles. *Sports Med*, 49: 69-85, 2019.

21) 渡部 和彦 訳, （エドワード・フォックス 著）：選手とコーチのためのスポーツ生理学. 大修館書店, 東京, 1982.

22) Wilk B, Meyer F, Bar-Or O, et al.: Mild to moderate hypohydration reduces boys' high-intensity cycling performance in the heat. *Eur J Appl Physiol*, 114: 707-713, 2014.

23) Yoshida T, Takanishi T, Nakai S, et al.: The critical level of water deficit causing a decrease in human exercise performance: a practical field study. *Eur J Appl Physiol*, 87: 529-534, 2002.

（中村　大輔）

Chapter **4**

気象の特徴と
その活用

はじめに

　気象条件（気温，湿度，風，日射など）が運動パフォーマンスの発揮に影響を与えることはよく知られている。気象条件はグラウンド表面や周りの建物などによっても影響を受けるので，SNSやテレビを通して配信される気象情報だけでなく，実際に活動を行う場所の気象条件を把握することが大切である。本稿では，スポーツの活動現場で問題となる熱中症，気温や湿度の日内変動，グラウンド表面による気温の差異について述べ，各競技団体別の熱中症対策ガイラインとスポーツ気象サービスについて紹介する。

1. 熱中症

1.1　熱中症の発生と環境温度

　熱中症の発生には様々な要因が関係するが，気温と熱中症の発生には正の相関関係（気温が高くなると熱中症の発生が多くなる）が認められている[2, 5]。しかし，気温がそれほど高くなくても，湿度が高くなると熱中症のリスクは高まる（**図1**）。

1.2　熱中症の発生とWBGT

　熱中症の発生には，気温や湿度だけでなく，地面からの照り返しなどの輻射熱や，気流（風）などの気象条件も関係する。スポーツ活動の現場では，これらの要素を加味したWBGT（wet-bulb globe temperature）を用いて運動の可否を決定することが，日本スポーツ協会によって推奨されている（**図2**）。

　わが国の熱中症の発生件数をみると，WBGTが28℃を超えると急激に増加している（**図3**）。また，2010〜2019年の熱中症による救急搬送件数を月別でみ

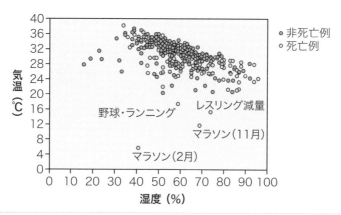

図1 熱中症発生時における気温と相対湿度
気温が高い時だけでなく，気温が低くても湿度が高い時には，熱中症が発生している。マラソンやレスリングの減量時には気温が低くても発生していることから，熱中症の発生には気温だけでなく無理な運動が影響することがわかる。（文献8より引用）

相対湿度（%）

気温(℃)	20	25	30	35	40	45	50	55	60	65	70	75	80	85	90	95	100
40	29	30	31	32	33	34	35	35	36	37	38	39	40	41	42	43	44
39	28	29	30	31	32	33	34	34	35	36	37	38	39	40	41	42	43
38	28	28	29	30	31	32	33	34	35	35	36	37	38	39	40	41	42
37	27	28	29	29	30	31	32	33	34	35	35	36	37	38	39	40	41
36	26	27	28	28	29	30	31	32	33	34	35	35	36	37	38	39	40
35	25	26	27	28	28	29	30	31	32	33	33	34	35	36	37	38	38
34	25	25	26	27	27	29	29	30	31	32	33	33	34	35	36	37	37
33	24	25	25	26	27	28	28	29	30	31	32	32	33	34	35	35	36
32	23	24	25	25	26	27	28	28	29	30	31	31	32	33	34	34	35
31	22	23	24	24	25	26	27	27	28	29	30	30	31	32	33	33	34
30	21	22	23	24	24	25	26	27	27	28	29	29	30	31	32	32	33
29	21	21	22	23	24	24	25	26	26	27	28	29	29	30	31	31	32
28	20	21	21	22	23	23	24	25	25	26	27	28	28	29	30	30	31
27	19	20	21	21	22	23	23	24	25	25	26	27	27	28	29	29	30
26	18	19	20	20	21	22	22	23	24	24	25	26	26	27	28	28	29
25	18	18	19	20	20	21	22	22	23	24	24	25	25	26	27	27	28
24	17	18	18	19	19	20	21	21	22	22	23	24	24	25	26	26	27
23	16	17	17	18	19	19	20	20	21	22	22	23	23	24	25	25	26
22	15	16	17	17	18	18	19	19	20	21	21	22	22	23	24	24	25
21	15	15	16	16	17	17	18	19	19	20	20	21	21	22	23	23	24

WBGT値

危険	31℃以上
厳重警戒	28～31℃
警戒	25～28℃
注意	25℃未満

図2 WBGTと気温，湿度との関係
気温と湿度からWBGTがわかる。（文献7より引用）

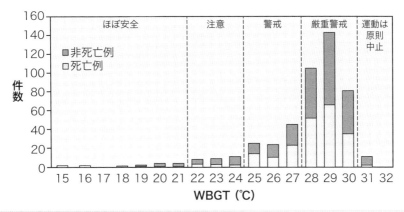

図3　熱中症発生時の WBGT（1970年〜2018年）
WBGT が 28℃を超えると急激に熱中症の発生件数が多くなる。（文献8より引用）

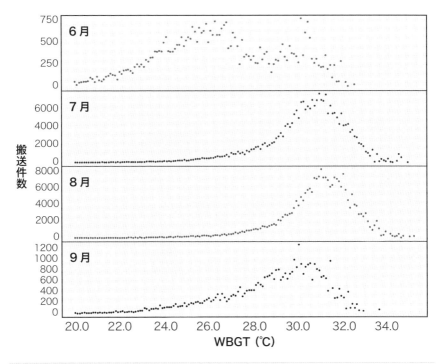

図4　総務省が発表した熱中症による救急搬送件数（2010年〜2019年）
7月と8月の搬送件数が圧倒的に多いが，6月は他の月と比較して搬送件数のピークが WBGT の低いところでみられる。（Nakamura et al., 投稿準備中）

ると, 6月は7, 8月と比べて低いWBGTで搬送件数がピークに達している (**図4**)。

　WBGTは, 気温 (乾球温度), 相対湿度 (湿球温度) と輻射熱 (黒球温度) から, 以下の式で計算できる。

屋外で日射しがある場合

WBGT ＝ 0.7 × 湿球温度 + 0.2 × 黒球温度 + 0.1 × 乾球温度

屋内で日射しがない場合

WBGT = 0.7 × 湿球温度 + 0.3 × 黒球温度

1.3　熱中症の発生要因

　熱中症の発生には, 環境的な要因に加え, 運動強度や運動様式などの運動要因, 体力や年齢, その日の体調や睡眠時間など, 個人的な要因も関係する (**図5**)。

1 環境要因	2 運動要因	3 個人要因
気温 湿度 輻射熱(直射日光) 風速	運動強度 時間 休憩のとり方 水分補給 服装	年齢　　　体力 肥満　　　暑さへの慣れ 食事　　　睡眠 体調(疲労, 発熱, 下痢) 健康状態(基礎疾患の有無)

図5　熱中症の発生要因
熱中症の発生要因は多岐にわたる。(文献4より一部改変)

図6　WBGT計
誰でも手軽にWBGTを計測できる。

　スポーツ活動の現場では，WBGT計を利用することで，WBGTの計測を手軽に行うことができる（**図6**）。WBGT計がない場合は，気温（周囲温度）と相対湿度から**図2**を利用するか，以下の推定式[7]を利用することで，おおよそのWBGTを把握できる。

湿球温度からの推定式

　WBGT = 1.05 ×（湿球温度）＋ 2.47

乾球温度からの推定式

　WBGT = 0.80 ×（乾球温度）＋ 2.81

2.　気温，湿度，WBGTの日内変動

　気温とは大気の温度のことを指し，テレビやSNSで配信されているデータは，地表から高さ1.5 mの地点で測定されたデータ，または予想されるデータである。一般に気温は，日中にかけて上昇し，14時頃に最高（**最高気温**）となり，その後夜明け前（5時頃）に最低（**最低気温**）となる。一方，湿度は，気温の上昇に伴い日中は低くなるが，気温の低下ととともに再び高くなり，夜明け前（5時頃）

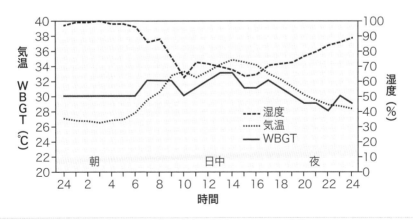

図7　ある1日（2019年8月1日）の気温，湿度，WBGTの変化
朝は気温が低いが湿度は高い。日中は気温が高くなるため湿度が低下する。

に最高湿度となる。つまり，気温と湿度は逆のパターンで変動することになる（図7）。

例えば，夏の朝の気象条件は，気温が低く日射しも弱いため日中より練習を行いやすいかもしれないが，湿度は日中より高く気温も次第に上昇する。さらに朝は，前日からの体水分量の回復が不十分である可能性や，朝食の欠損，睡眠不足の可能性も考慮しなければならない。一方，風は気圧配置や周囲の地形によっても変化するので，気温や湿度のようにその変動を一般化するのは難しい。

3. グラウンド表面の気温

近年，人工芝が普及したことによって，天候にあまり左右されずにスポーツ活動を行うことが可能となった。その一方で，夏の気温の高い日には，人工芝の表面上の温度が最高で70℃以上となること，また，地表から160 cm の地点でも，4℃程度公的機関の発表温度より高くなることが報告されている[3]（図8，図9）。

このことから，運動を行う地表面の違いによって，グラウンド上の気温が大きく影響を受けることがわかる。したがって，スポーツ活動時には，実際の活動場所の気象条件を測定する必要がある。

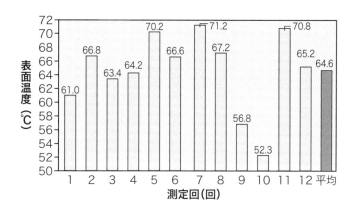

図8　8月の人工芝の表面温度（12回の測定結果）
人工芝の表面温度は，ほとんどの測定日において60℃を超え，70℃を超える日もあることがわかる。（文献3より引用）

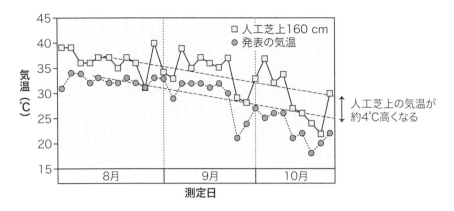

図9　8月，9月，10月における人工芝上（160 cm）の気温と，公的機関発表の気温
気温は，同時刻における東京都の値。（文献3より作図）

4.　暑熱環境下での活動指針とスポーツ気象サービスの活用

　日本スポーツ協会による『スポーツ活動中における熱中症予防ガイドブック』[8]とは別に，国内の競技団体や海外のスポーツ団体，大会主催者が，暑熱環境下での試合の開催や練習内容などに関してガイドラインを発表している。

4.1　サッカー

　日本サッカー協会（Japan Football Association：JFA）は2016年に『熱中症対策ガイドライン』（**表1**）[6]を発表している。このガイドラインでは，人工芝のピッチで試合を行う際のWBGTの基準を通常より3℃低下させることや，大会当日の環境条件の測定をプレーする選手の平均身長の2/3の高さで計測することが推奨されている。また，選手のみならず，運営スタッフ，観戦者に関する対策についても細かく触れられている。

　さらに，対象年齢によっても差異があるが，WBGTの値によって飲水タイムやクーリングブレイク（3分の休息）を試合中に設けることが推奨されている。また，屋外のみならず，屋内でフットサルなどの試合を行う場合についても，同じようにガイドラインを適用することを推奨している。

表1 2016 JFA 熱中症対策ガイドライン

1	ベンチを含む十分なスペースにテントなどを設置し，日射を遮る
2	ベンチ内でスポーツドリンクが飲める環境を整える
3	各会場に WBGT 計を備える
4	審判員や運営スタッフ，緊急対応用に，氷・スポーツドリンク・経口補水液を十分に準備する
5	観戦者のために，飲料を購入できる環境（売店や自販機）を整える
6	熱中症対応が可能な救急病院を準備する。特に夜間は宿直医による対応の可否を確認する
7	WBGT に応じて飲水タイム（30 ～ 60 秒）またはクーリングブレイク（180 秒）を採用する

（文献6より引用）

4.2　テニス

　テニスの4大大会の1つである全豪オープン（Australian Open，毎年1月の夏季に開催）では，WBGT とは異なる独自の指標，『Australian Open Heat Stress Scale』を用いて熱ストレスを評価している。これは，暑さが厳しい時には屋根を閉じるなどの対策を講じ，選手への熱ストレスの影響を和らげ，コンディションの悪化を防ぐためのものである。

　Australian Open Heat Stress Scale は，気温，輻射熱または太陽の日射しの強さ，湿度，風速を考慮して算出され，そのスケールは5段階（1 ～ 5）で表わされる。例えばスケール2では，水分補給を積極的に行うこと，スケール4では，男子では3セット目と4セット目の間，女子では2セット目と3セット目の間に10分の休憩をとることが義務づけられている。そして，スケール5になるとレフリーは試合の中止（延期）を決定することができる。

4.3　アメリカンフットボール

　アメリカンフットボールのように防具を装着するスポーツ種目では，気象条件によっては防具が熱放散を阻害することになり，過度な体温上昇を誘発するリスクが高まる。したがって，気象条件を常に把握しておくことが重要であるが，特に急激な温度上昇がみられる梅雨明けの時期は，暑熱順化が十分に得られていない状態で練習を行うことになるため，熱中症の発生リスクが高まる。全米大学体育協会（NCAA）では，シーズン当初の暑熱環境下におけるトレーニングに関するガイドラインを作成している[1]。

4.4　その他

　上記以外の競技団体のホームページにも，気象条件をもとにした練習や試合の開催の判断や，暑さ対策に関する情報を掲載している場合がある。一度，自身がかかわっている競技団体のホームページを確認してみるとよい。

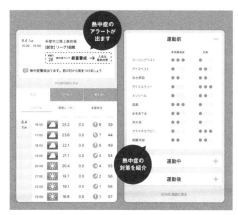

スケジュールを登録すると，活動予定と活動場所の天気が同時に表示される。2週間先まで表示され，それより先は，過去10年間の気象傾向ポートの入手が可能

実際の活動場所における風向きと気象情報

1時間ごとの詳細な気象情報の提供とWBGTを基準としたアラート，運動時のタイミング別の暑熱対策情報

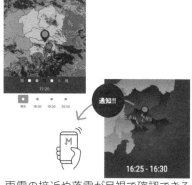

雨雲の接近や落雷が目視で確認できるだけでなく，付近で実際に落雷が発生すると，登録した端末にその情報が通知される

図10　ウェザーニューズ社の気象情報サービス「MiCATA（ミカタ）」

4.5 スポーツ気象サービス

　近年は，インターネットサイトやアプリケーションソフトを使用して，気象条件の変化を細かく確認することができる。落雷や突風などは，場合によっては重大な事故につながる可能性があるため，気象情報の入手は，日々のスポーツ活動を安全に行うために欠かすことができない。

　ウェザーニューズ社が提供する Web サービス「MiCATA（ミカタ）」では，チームの活動予定を入れておくことで，国内外を問わず最長 2 週間先までの天気予報や，活動日当日の 10 分ごとの天気予報，落雷確率や落雷通知，複数箇所の気象状況など，安全にスポーツ活動を行うために役立つ気象情報をまとめて入手できる（図10）。また，Yahoo 天気，tenki.jp などのインターネットサイトやアプリケーションソフトからも，手軽に気象情報のサービスを利用することができる。

　以上のように，熱中症の理解と合わせて，実際の活動場所の気象条件を把握することや，気象要素の変動に関する知識を持つことで，暑熱環境下でのスポーツ活動をより安全に行うことができる。アスリートの健康と生命を守る意味においても，最適なパフォーマンスを行う意味においても，暑熱環境に限らず，気象条件を常に把握したうえでスポーツ活動を行うべきである。

文　献

1）American College of Sports Medicine, Armstrong LE, Casa DJ, et al.: American College of Sports Medicine position stand. Exertional heat illness during training and competition. *Med Sci Sports Exerc*, 39: 556-572, 2007.

2）Basu R: High ambient temperature and mortality: a review of epidemiologic studies from 2001 to 2008. *Environ Health*, 8: 40, 2009.

3）濱口洋晴，上岡雄悟：ロングパイル人工芝グラウンドにおける暑熱環境とサッカープレーヤーの脱水との関連．身体教育医学研究，14: 17-25, 2013.

4）環境省環境保健部環境安全課：熱中症環境保健マニュアル 2018．https://www.wbgt.env.go.jp/pdf/manual/heatillness_manual_full.pdf

5）Li T, Ding F, Sun Q, et al.: Heat stroke internet searches can be a new heatwave health warning surveillance indicator. *Sci Rep*, 6: 37294, 2016.

6）日本サッカー協会：熱中症対策ガイドライン，2016.

7）日本生気象学会：日常生活における熱中症予防指針 Ver.3 確定版，2013.

8）日本スポーツ協会：スポーツ活動中の熱中症予防ガイドブック．2019.

（中村　大輔）

Chapter **5**

スポーツ現場における
熱中症の対処法と復帰プログラム

はじめに

　運動するヒトの身体は骨格筋のエネルギー代謝によって熱を生産し，体温が上昇する。運動が高温，多湿，あるいは熱放散が制限されている条件（防具の着用など）で行われると，熱の生産量が放散量を上回り，急激かつ持続的な体温の上昇が起こることで熱中症を発症する可能性が高まる[4, 6, 8]。運動中あるいは運動直後にみられる熱中症には①熱失神，②運動誘発性筋けいれん，③熱傷害，④熱疲労，⑤労作性熱射病があり（図1），本稿の前半ではそれらのメカニズムに基づいた競技現場での対処法について述べる。後半では，熱中症の中でも重症度の

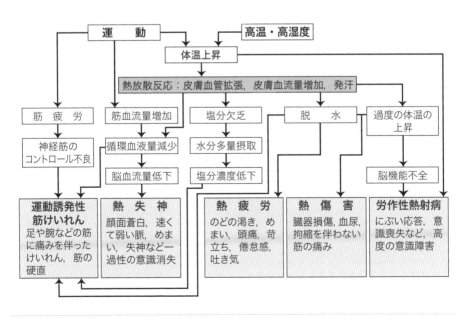

図1　労作性熱中症の種類（文献 19 より改変）

高い熱傷害・労作性熱射病を罹患した後のスポーツ活動復帰の手順について，現在発表されている症例をもとに，医療従事者や指導者が留意すべき点をまとめる。

1.　アスリートにみられる熱中症のメカニズムと応急処置

1.1　熱失神

　熱失神は，皮膚血管の拡張によって立位時の低血圧（起立性低血圧）が生じることで引き起こされる[17]。スポーツ活動中にみられる熱失神の代表的な発症パターンには，①体温上昇を防ぐための熱放散の手段として皮膚血管が拡張して引き起こされる場合と，②運動中に血流が骨格筋へ優先されていたことにより，運動直後に一時的な脳血流の低下が生じ失神が起こる場合がある。また，脱水や暑さに慣れていない時期の運動は熱失神のリスクを高めるということが報告されており[3,17]，自由に水分補給ができない環境やまだ身体が暑さに慣れていない時期によく起こる。

　以上のメカニズムを踏まえると，熱失神の応急処置では起立性の低血圧と脱水を補正することが優先されるべきである。実際の応急処置としては，空調のきいた部屋か日陰で仰向けに寝かせ，脚を挙上させることで，脳への血流を促す方法を用いる（**図2**）。可能なタイミングで水分補給を行い，発汗によって失われた水分を補給することも重要である。また，可能であれば送風やアイスタオルなども併用して，体表面を冷やすことで症状の緩和を促す。

　熱失神では傷病者が急に気を失って倒れることが考えられるため，発見者は初期評価の時点で倒れた理由が心停止でないことを確認しなければならない。また，倒

図2　熱失神の応急処置
空調のきいた部屋か日陰で仰向けに寝かせ，脚を挙上させることで，脳への血流を促す。

れた際に打撲をしている可能性もあるため，頭頸部を強打していないか，全身に痛む場所がないかを確認することも推奨される。

1.2 運動誘発性筋けいれん

運動誘発性筋けいれんには，運動中または運動直後に自分の意思とは反して筋が収縮するという特徴があり，強い痛みを伴う。筋けいれんが生じる原因としては，体内の電解質や水分量の低下，筋疲労，神経筋コントロールの不良などが提唱されているが，実際の発生メカニズムは完全には明らかにされていない[4]。運動誘発性筋けいれんを発症しやすい者の特徴には，①発汗により塩分を失いやすい体質（例：汗の跡が白く衣服に残る），②バランスの良い食事がとれていない，または欠食している（例：朝食をとらない），③運動誘発性筋けいれんの既往歴がある（例：いつも同じような動きやタイミングで筋けいれんが発生する）などが挙げられる。以上のことを踏まえると，運動誘発性筋けいれんは暑熱環境下に特化した傷害ではないことがわかるが，発汗によって電解質や水分を失いやすい点や，暑熱ストレスによる疲労が筋けいれんを誘発させている可能性，また実際に暑熱環境下においてよく起こっていることなどから，熱中症の1つとして分類されている。

運動誘発性筋けいれんの応急処置では，筋けいれんがおさまるまで他動的にストレッチを行うことが推奨される（図3）。また，その際にアイシングやマッサージを併用することで痛みの緩和を期待することもできる[14]。

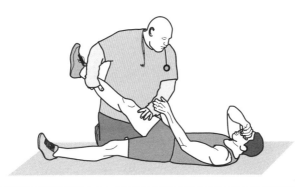

図3 運動誘発性筋けいれんの応急処置
他動的にストレッチを行う。

1.3　熱傷害

　熱傷害は，暑熱環境下で高強度運動を行うことで持続的な高体温にさらされ，肝臓，腎臓，胃腸などの臓器や骨格筋が損傷された状態のことをいう[4]。後述の労作性熱射病に併発することが多く，運動を終えた後に血尿がみられることで発覚することもある。確定診断には血液検査が必要であるため，現場で熱傷害を疑うような所見（血尿，拘縮を伴わない筋の痛みなど）を認めた場合には，ただちに病院へ搬送し医師の診察を受ける必要がある。

1.4　熱疲労

　熱疲労は暑熱環境下において持続的な運動が困難になった状態のことを指し，スポーツ活動中にみられる熱中症の中でも頻度の高い傷害である[4]。主な症状としては喉の渇き，めまい，頭痛，苛立ち，倦怠感，吐き気などがあげられ，循環器系への負荷や中枢性の疲労が原因となって発症する。熱疲労を発症しやすい者の特徴には，①不十分な暑熱順化（暑さにまだ慣れていない時期），②脱水，③BMI（body mass index：体格指数。体重と身長から算出される，ヒトの肥満度を表わす指数）が高いことなどが挙げられる[11,13]。そのため，自由に水分補給できる環境を整えるだけでなく，特に暑熱環境下の体温調節が体格的に不利である身体の大きい選手は，本格的に暑くなる前に暑熱順化の期間を設けることが重要である。具体的には，運動時間・強度の漸進的な増加や，着用する防具の調整などの取り組みを，暑熱順化期間に実施することが重要である[4,6]。

　熱疲労の症状が疑われた場合は，ただちに運動を中止し，空調のきいた部屋や日陰で安静にし，衣服を緩めて扇風機やアイスタオル（図4）を用いて身体を冷却する。安静中は発汗で失った水分を補給し，多量の発汗があった場合には電解質の補給も行う[4]。熱疲労

図4　アイスタオル
氷水に浸けたタオルで身体を冷却する。この時，できるだけ広い面積を冷やすように意識し，タオルはこまめに交換する。

を発症した同じ日に運動復帰することは推奨されておらず，症状の改善がみられたとしても十分な休息をとることが優先されるべきである[4]。

1.5　労作性熱射病

　労作性熱射病はアスリートにみられる熱中症の中でも最も重篤な状態であり，医学的には 40.5℃以上の深部体温と中枢神経系の異常の両方を呈した状態と定義される[9]。スポーツ活動中に労作性熱射病が発生するパターンは，①熱疲労の症状が出ていたにもかかわらず強制的に運動の継続を強いられた場合，②罰走など元々予定されていなかった運動を課せられた場合，③自ら目標とするゴール（例：表彰台に立つ，目標タイムに合わせて走るなど）に向けて体調不良や熱疲労の症状を無視し運動を継続した場合のいずれかであることが多い[1,2]。代表的な症状は，強い倦怠感や脱水など前述の熱疲労と類似している部分が多いが，労作性熱射病の特徴として中枢神経系の異常を示す。代表的な中枢神経系の異常には，意識消失，ヒステリー，見当識障害，攻撃的な言動などがあげられる[4]。

　労作性熱射病は生命にかかわる緊急事態であり，応急処置には積極的な全身冷

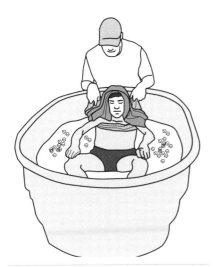

図5　アイスバス
アイスバスを使用する際は，傷病者が溺れてしまわないように，タオルなどを使用して姿勢を保持する。

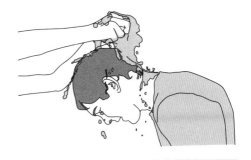

図6　氷水の掛け流し
労作性熱射病の応急処置として使用する場合は，全身を濡らすように氷水を掛け流す。

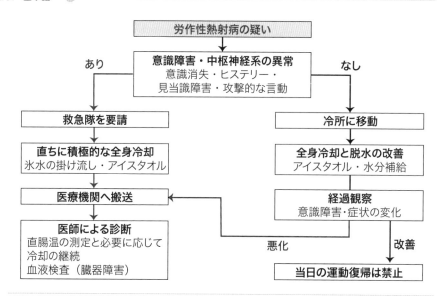

図7 労作性熱射病を疑った際の病院搬送までの応急処置の流れ（非医療従事者の場合）

却を施さなければならない。対応が遅れて深部体温が40.5℃以上の時間が長く
なればなるほど予後が乏しいことが報告されており，最悪の場合には全身性の血
液凝固（播種性血管内凝固症候群）から多臓器不全を引き起こし，死に至る恐れ
がある[4,9]。海外では，労作性熱射病患者にアイスバス（図5）を用いて深部体
温を30分以内に39℃以下に冷却した場合の生存率は100％で，予後も良好で
あると報告されていることから[7]，病院搬送の救急車を待っている時間から積極
的な冷却を施すことが重要であることがわかる[9]。

　海外のスポーツ現場では，現場に常駐しているメディカルスタッフ（アスレ
ティックトレーナーなど）が労作性熱射病を疑った際に直腸温を測定することが
許されているが，本稿執筆時点では日本において病院外で医師以外の者が直腸温
を測定することは極めて困難である[9]。また，アイスバスは最も効率よく身体を
冷却できる手法であるものの[5]，直腸温の継続的なモニタリングができない環境
では過冷却による低体温症に陥るリスクも伴うため，医師不在の環境で実施する
には注意が必要である。そのため，指導者や保護者らで熱射病患者の応急処置を
行う際は，①氷水の掛け流し（図6）や，②アイスタオル（図4）を用いた全身
性の冷却[15]を救急車が到着するまで行い，直腸温の測定は搬送先の病院で医師

によってただちに行われることが推奨される（**図7**）。

2. 熱傷害や労作性熱射病からの復帰プログラム

　熱傷害や労作性熱射病によるダメージは高体温が持続した時間に比例することから，日常生活やスポーツ活動に復帰できるかどうかは初期対応の影響を大きく受ける。競技復帰にかかる時間は，数週間の症例から1年以上かかる症例の報告もあり，最初から復帰日の予測をたてるのは困難である[2,10,16,18]。例えば，熱傷害や労作性熱射病を罹患した日から復帰までにかかった日数，受傷起点，応急処置の内容をまとめた**表1**の症例A〜Dを見ていただきたい[2,10,18]。4つの症例を比較してみると，症例Aが唯一予後が良好であったことがわかる。症例AとB〜Dの決定的な違いは，言うまでもなく初期対応の差にある。症例Aの市民ランナー（男性，53歳）は，アイスバスによる冷却の後，病院で経過観察されたものの（低体温症の恐れ），入院に至ることはなく，3日後には自覚症状も改善し，1ヵ月後には以前と同じ強度の運動をするまで回復した[2]。ただし注意しなければならないのは，症例Aはスポーツチームに所属するアスリートではなく市民ランナー（一般人）であったこともあり，計画的な競技復帰プログラムが実施されず，本人の主観的な症状の改善に応じて運動再開の判断が行われたと報告されている[2]。原則として，運動再開の目安は，症状の消失だけではなく，血液検査結果が正常値を示さなければならない[4]。なぜなら，症例Aのように，応急処置段階での積極的な冷却によって入院を回避できた場合でも，腎機能，肝機能，筋損傷の程度を示す数値が基準値を超えていることがあるためである。症例B〜Dでは運動再開の判断基準に自覚症状の消失と正常な血液検査結果を用いている[10,18]。しかし，初期対応が大幅に遅れてしまうと，症例BやDのように，完全な競技復帰を見込めない場合もあるため，改めて初期対応の重要性を強調したい。

　症例B〜Dにおいて，競技（または受傷前と同じ強度の身体活動）への漸進的な復帰を判断する際には，**暑熱耐性テスト**が用いられている[10,18]。暑熱耐性テストは，涼しい条件あるいは室温の条件で問題なく運動が可能になった際に，暑熱環境下での運動再開の可否を判断する材料の1つとして用いられることが

表 1　熱傷害や労作性熱射病からの復帰プログラムに関する症例報告のまとめ

症例	患者情報	発生状況	受けた応急処置	診断	退院までの日数	運動再開までの日数	競技復帰までの日数
A	市民ランナー 男性 年齢：53歳 体重：79.5 kg 体脂肪率：18.9%	夏のロードレース（11 km）に参加。脱水のまま、トレーニングは涼しい時間に行っており、レース当日まで暑熱環境では運動をほとんど行っていなかった。完走直後に倒れ、レース終盤の記憶はない	完走後ただちに発見され、速やかにアイスバスを用いて全身冷却が施された	労作性熱射病	0日（アイスバス後病院に搬送され、自力で平温が保てるようになるまで3時間経過観察）	3日	1ヵ月*
B	市民ランナー 男性 年齢：23歳 体重：77kg 身長：170cm	秋のフルマラソンに参加。3.5時間で完走するペースで走っていたが、39 km地点で倒れ近隣の病院に救急搬送される	移動中は氷嚢で首と脇を冷却し、病院に到着してからシート型装置で冷却が行われた。倒れてから1時間後も直腸温が40℃を超えていた	労作性熱射病 熱傷害 (肝機能障害)	7日	34日	復帰せず**
C	大学アメリカンフットボール選手 男性 年齢：19歳 体重：136 kg 身長：190.5 cm	大学アメリカンフットボールのトレーニング中（2月）	現場での冷却が施されないまま病院に搬送され、到着してからシート型装置で冷却が行われた。病院に到着した際の直腸温は42.8℃。	労作性熱射病 熱傷害 (肝機能障害, 腎機能障害)	18日	8ヵ月	17ヵ月
D	大学アメリカンフットボール選手 男性 年齢：21歳 体重：136 kg 身長：193 cm	大学アメリカンフットボールのプレシーズンのトレーニング中（8月）	当初はアイスタブによる冷却を受けていたものの(5-10分)、救急隊が到着し次第、冷却を中断し病院へ搬送される。病院に到着した際の直腸温は42.2℃。積極的な全身の冷却が必要であるにもかかわらず、氷嚢である全身の冷却に留まった	労作性熱射病 熱傷害 (肝不全)	42日	12ヵ月	復帰せず***

＊：労作性熱射病受傷前の運動強度を行えるようになるまでの日数。
＊＊：市民ランナーの男性は軍に所属していたが運動勤性に完全に戻らず軍務に復帰しないことを決めた。
＊＊＊：病院の医師や専門家からは復帰が許可されたが、所属チームの医師より復帰許可が下りなかった。
（文献 2, 10, 18 をもとに作成）

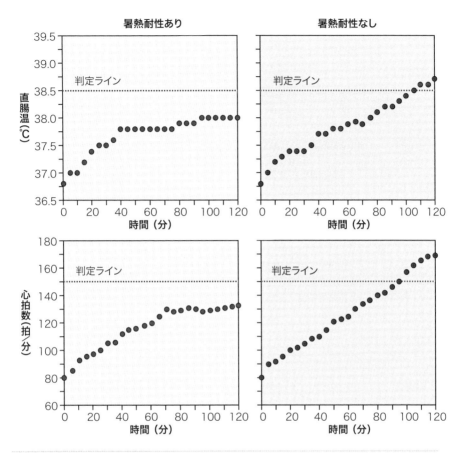

図8　暑熱耐性の有無が直腸温と心拍数に与える影響

多い [10,12,16,18]。暑熱耐性テストには複数のバリエーションが存在するが，気温40℃，湿度40％に設定した人工気象室で，2％の傾斜に設定したトレッドミルを120分，時速5 kmで歩く**イスラエル版暑熱耐性テスト**が，代表的なプロトコルとして研究者や医療従事者によって利用されている [12]。この120分の歩行テスト中に，心拍数＞150拍/分，あるいは直腸温＞38.5℃に到達すると，陽性と判定され，暑熱耐性に乏しいと評価される [12]。暑熱耐性のある健常者においては，直腸温と心拍数の上昇は途中で穏やかになり横ばいになるのに対し（**図8左**），労作性熱射病罹患後など暑熱耐性のない者においては直腸温または心拍

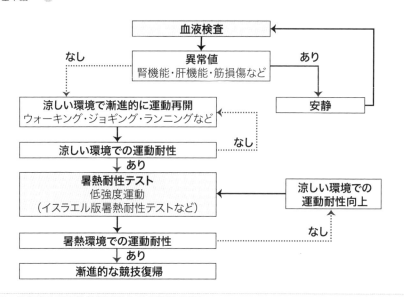

図9　熱傷害や労作性熱射病後からの復帰の流れ

数（あるいは両方の指標）が判定ラインを超え，上昇し続けてしまう（**図8右**）。
イスラエル版暑熱耐性テストで用いられている判定ライン（心拍数＞150拍/分，
直腸温＞38.5℃）が様々な年齢や体格，男女において汎用性があるかについて
は疑問視されることもあるが[16]，スポーツへの競技復帰を鑑みると，暑熱環境
下（気温40℃，湿度40％）で持続的に歩くことすらできない者が問題なく競技
スポーツに復帰できることは考えにくい。そのため，イスラエル版暑熱耐性テス
トから得られる情報は熱傷害や労作性熱射病からの復帰状況を判断する手段とし
て有用であるといえる。

　以上の内容をまとめると（**図9**），熱傷害や労作性熱射病を罹患した後はまず
血液検査を行い，臓器や骨格筋が完全に回復したことが確認できるまでは安静に
する。血液検査の結果で正常値が認められた後は，涼しい条件あるいは室温の条
件から漸進的にウォーキング，ジョギング，ランニングへと運動強度を上げて基
礎体力の回復を目指し，室温の環境で問題なく有酸素運動ができるようになった
後はイスラエル版暑熱耐性テストのような低強度運動を暑熱環境下で行う。暑熱
耐性テストで陰性であった場合（耐性あり）は，脱水や熱中症の諸症状（頭痛，
めまい，倦怠感）などに留意しながら漸進的に強度を上げていくが，陽性判定（耐

性なし）が出た際には，涼しい条件で基礎フィットネスを向上する期間を延長し，後日（数週間後）再びテストを行う。なお，今回はランニングを想定した復帰プログラムを紹介しているが，ランナー以外のアスリートにおいても，競技特性の高い運動や高強度レジスタンストレーニングを行う前に，まずはウォーキング，ジョギング，ランニングなどを用いた有酸素運動から基礎フィットネスを再獲得することが推奨される[4]。

文　献

1) Adams WM, Belval LN, Berg AP, et al.: Exertional heat stroke of max gilpin; a preventable death. *Quest*, 72: 102-115, 2020. http://www.tandfonline.com/doi/abs /10.1080/00336297.2019.1637355（2019 年 10 月 31 日確認）

2) Adams WM, Hosokawa Y, Huggins RA, et al.: An exertional heat stroke survivor's return to running: an integrated approach on the treatment, recovery, and return to activity. *J Sport Rehabil*, 25(3): 280-287, 2016. doi:10.1123/jsr.2015-0006

3) Carter R, Cheuvront SN, Vernieuw CR, et al.: Hypohydration and prior heat stress exacerbates decreases in cerebral blood flow velocity during standing. *J Appl Physiol*, 101(6): 1744-1750, 2006. doi:10.1152/japplphysiol.00200.2006

4) Casa DJ, DeMartini JK, Bergeron MF, et al.: National Athletic Trainers' Association position statement: exertional heat illnesses. *J Athl Train*, 50(9): 986-1000, 2015. doi:10.4085/1062-6050-50.9.07

5) Casa DJ, McDermott BP, Lee EC, et al.: Cold water immersion: the gold standard for exertional heatstroke treatment. *Exerc Sport Sci Rev*, 35(3): 141-149, 2007. doi:10.1097/jes.0b013e3180a02bec

6) Cooper ER, Ferrara MS, Casa DJ, et al.: Exertional heat illness in American football players: when is the risk greatest? *J Athl Train*, 51(8):593-600, 2016. doi:10.4085/1062-6050-51.8.08

7) Demartini JK, Casa DJ, Stearns R, et al.: Effectiveness of cold water immersion in the treatment of exertional heat stroke at the Falmouth Road Race. *Med Sci Sports Exerc*, 47(2): 240-245, 2015. doi:10.1249/MSS.0000000000000409

8) Grundstein A, Knox JA, Vanos J, et al.: American football and fatal exertional heat stroke: a case study of Korey Stringer. *Int J Biometeorol*, 61(8): 1471-1480, 2017. doi:10.1007/s00484-017-1324-2

9) Hosokawa Y, Nagata T, Hasegawa M: Inconsistency in the standard of care-toward evidence-based management of exertional heat stroke. *Front Physiol*, 10: 108, 2019. doi:10.3389/fphys.2019.00108

10) Hosokawa Y, Stearns RL, Casa DJ. Is heat intolerance state or trait? *Sports Med*, 49(3): 365-370, 2019. doi:10.1007/s40279-019-01067-z.

11) Kark JA, Burr PQ, Wenger CB, et al.: Exertional heat illness in Marine Corps recruit training. *Aviat Space Environ Med*, 67(4): 354-360, 1996.

12) Kazman JB, Heled Y, Lisman PJ, et al.: Exertional heat illness: the role of heat

tolerance testing. *Current Sports Medicine Reports*, 12(2): 101-105, 2013. doi:10.1249/JSR.0b013e3182874d27

13) Kenefick RW, Sawka MN: Heat exhaustion and dehydration as causes of marathon collapse. *Sports Med*, 37(4-5): 378-381, 2007. doi:10.2165/00007256-200737040-00027

14) Maquirriain J, Merello M: The athlete with muscular cramps: clinical approach. *J Am Acad Orthop Surg*, 15(7): 425-431, 2007. doi:10.5435/00124635-200707000-00007

15) McDermott BP, Casa DJ, Ganio MS, et al.: Acute whole-body cooling for exercise-induced hyperthermia: a systematic review. *J Athl Train*, 44: 84-93, 2009.

16) O'Connor FG, Heled Y, Deuster PA.: Exertional heat stroke, the return to play decision, and the role of heat tolerance testing: a clinician's dilemma. *Curr Sports Med Rep*, 17(7): 244-248, 2018. doi:10.1249/JSR.0000000000000502

17) Poh PYS, Armstrong LE, Casa DJ, et al.: Orthostatic hypotension after 10 days of exercise-heat acclimation and 28 hours of sleep loss. *Aviat Space Environ Med*, 83(4): 403-411, 2012.

18) Stearns RL, Casa DJ, O'Connor FG, et al.: A tale of two heat strokes: a comparative case study. *Curr Sports Med Rep*, 15(2): 94-97, 2016. doi:10.1249/JSR.0000000000000244

19) 和田正信 編著, 長谷川博, 松永　智 他著：ステップアップ運動生理学. 杏林書院, 東京, p.144, 2018.

（細川　由梨）

Part

実践編

Chapter **6**

スポーツ現場における
暑さ対策の重要性

1. 暑熱環境下での運動・認知パフォーマンスの低下

　運動時には，呼吸・循環システムの働きにより，筋を動かす際（筋活動）に必要な酸素が筋へ供給される。一方，筋活動により発生した熱は，核心部の体温を上昇させる。運動時の適度な体温上昇は運動効率を高めるが，環境温が高温となり，より長時間の運動になると，体温は過度に上昇し，運動効率の低下を引き起こす (Part I 参照)。すなわち，運動誘発性の高体温が暑熱耐性の制限因子となり，末梢および中枢神経系を介して疲労を誘発し，**運動パフォーマンスの低下**，注意力や判断力にかかわる**認知機能の低下**，ひいては**熱中症**を引き起こす（**図 1**）[3]。

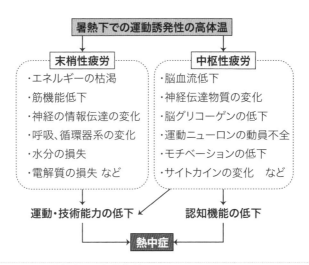

図 1　暑熱下における運動能力と認知機能低下の要因
暑熱下での運動誘発性の高体温が，末梢・中枢神経系を介して疲労を誘発し，運動能力と認知機能の低下，ひいては熱中症を引き起こす。（文献 3 より引用）

本稿では，高体温によるパフォーマンス低下の要因と，競技現場における暑さ対策について解説する。

2．脱水と体温上昇

　身体の水分は細胞機能の維持，物質運搬，体温調節など，重要な役割を担っている。常温環境と比べ暑熱環境下の運動では，**発汗**によって**脱水症**が起こるリスクが高まる。発汗による脱水量が体重の 2 ％程度までであれば，血液中の水分が減少しても，間質液中の水分が血液に流入するため，**血液量**はほとんど変化しない（**図 2**）。またこの状況であれば，熱放散を行うための皮膚への血流量が確保

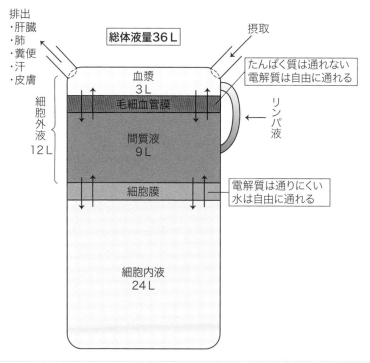

図 2　体液分布
人体の水分量は成人男性で体重の約 60 ％。体液は，その分布の違いにより細胞内液と細胞外液に分けられ，さらに細胞外液は血漿 (血液) と間質液に分けられる。血管内には液体成分の血漿と細胞成分である赤血球，白血球，血小板などが存在する。各数値は体重 60 kgの人の値を示す。

表1 体水分減少率と脱水症

体水分減少率 （体重に対する割合）	症　状
2%	のどの渇き，有酸素性作業能力の低下
3%	のどの強い渇き，集中力の低下，体温・心拍数・呼吸数の増加，食欲不振，認知機能の低下，無酸素性作業能力の低下
4%	皮膚の紅潮，イライラする，尿量の減少，疲労困憊
5〜9%	頭痛，視力・聴力の低下，身体のよろめき，けいれん，めまいや脱力感
10%〜	無尿，循環不全，死亡

され，著しい体温の上昇は起こらない。しかし，脱水が2%を超えると血液量が減少し，脱水が1%進行するごとに，**体温は0.3℃ずつ，心拍数は5〜10拍/分**の上昇をきたす。つまり，体温上昇時には熱放散のため発汗が促進されるが，この発汗量の増加は脱水を亢進させ，心臓循環系への負担を増大し，やがては体温上昇抑制のための熱放散も制限することになる。このように過度の脱水は，身体の様々な機能に影響を及ぼすだけでなく，運動能力も低下させてしまう（**表1**）。したがって，暑熱下の運動時には，適切な水分補給が必要となる。

3. 環境温度と運動パフォーマンス

　Part I で説明したように，常温環境下と比べ暑熱環境下では，**有酸素性作業能力（全身持久力，持久性運動パフォーマンス）**が低下する。その典型的な例としては，マラソン競技の記録が，冬季と比べ夏季では著しく低下することがあげられる。一方，高強度運動における作業能力（無酸素性作業能力）に対しては，過度ではない暑熱環境は，むしろプラスに作用することの方が多い。**図3**に示すように，異なる条件下のランニングパフォーマンスの比較では，過度ではない暑熱環境は無酸素性作業能力が主に必要とされる種目のパフォーマンスを向上させるが，より長い時間がかかる競技の持久性運動パフォーマンスを低下させる[2]。

　持久性運動パフォーマンスの低下には，主に下記に示す2つの要因が関与している。

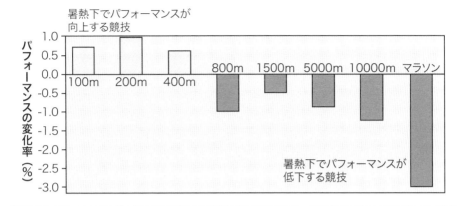

図3　環境温度がランニングパフォーマンスに及ぼす影響

世界陸上選手権（1999～2011年）における気温25℃以上の条件下のパフォーマンスを25℃未満と比較した時の変化率（男性および女性）。過度ではない暑熱環境は、短時間・高強度運動パフォーマンスにプラスに作用する場合がある。しかし、より長時間の持久性運動パフォーマンスは暑熱環境の影響を受け、低下する。（文献2より改変）

3.1　体温の過度な上昇

　持久性の全身運動では、運動の時間経過とともに体温は徐々に上昇するが、体温（深部体温）が約40℃に達すると、呼吸循環器系および中枢神経系の機能が低下し、それ以上運動を継続することができなくなる（**図4A**）[1]。このため、40℃の高体温は運動の継続を制限する**臨界体温（危機的限界体温）**と考えられている。この臨界体温は、運動の鍛錬レベルによって異なり、競技レベルが高い選手はより高い温度に耐えることができる（Chapter 2参照）。実際の長距離走レース後におけるランナーの深部体温は40℃を超えてしまうことも報告されていることから、40℃の深部体温そのものが持久性運動パフォーマンスの制限因子ではないという指摘もある。

　しかし、基本編で説明したように、常温環境下と比べ暑熱環境下では、外部から取り込まれる熱量が増加するため、運動中の体温の上昇速度が高まり、臨界体温に達するまでの時間が短縮される。また、深部体温が40℃となり運動を継続できなくなる場合、同時に皮膚温や筋温の大きな上昇も伴う場合が多い（**図4B**）。これらの変化は身体の温熱感覚に影響を及ぼし、レース中のスピードやペー

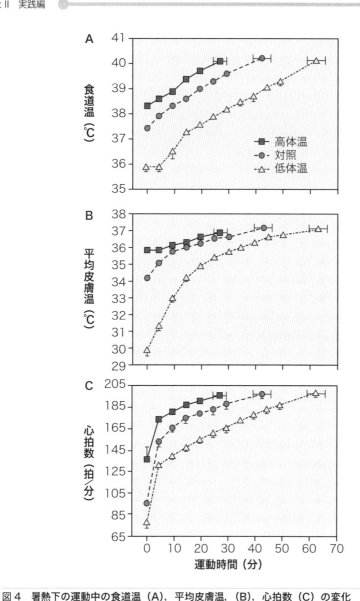

図4 暑熱下の運動中の食道温（A），平均皮膚温，（B），心拍数（C）の変化
運動鍛錬者が運動前に身体を冷却（低体温）あるいは加温し（高体温），体温を変化させてから
暑熱下（室温 40℃，相対湿度 17%）で 60% $\dot{V}O_2max$ の自転車運動を疲労困憊まで行った。
いずれの状態から運動を始めても，体温（食道温）が 40℃あたりで運動が終了し，運動前の体温，
皮膚温，心拍数などの生理的指標が低い時ほど運動継続時間が長くなった。
（文献 1 より改変）

ス配分を低下させる。したがって，過度な体温や皮膚温，筋温の上昇は，持久性運動パフォーマンスを低下させる要因となることから，これらを防ぐ対策が必要となる。

3.2　心拍数の増大

　前述のように，発汗が体重の2％を超えると血液量の減少が起こる。すなわち，大静脈から心臓へ流入する血液量が低減し，1回拍出量が低下する。さらに，核心部の熱を放散するために皮膚血流も確保しなければならず，運動の継続には心拍数の増加が必須となる（図4C）。また，常温環境下と比べ暑熱環境下では，絶対的強度が同一の運動であっても**主観的運動強度**（rating of perceived exertion：RPE）は高くなるため，きつく感じてしまう。したがって，運動中や休息間において，心拍数の上昇をいかに抑えるかが重要となる。

4.　体温上昇と脳機能

　スポーツを含む様々な身体活動時には，持久性や最大運動のみならず，細かな作業の正確性や注意力が要求される。暑熱環境下では，認知・運動調節にかかわる**脳機能**が影響を受ける。高温および冷涼環境下において，中強度の自転車運動を行った時の深部体温の上昇と前皮質領域における**脳波**を周波数解析した研究では，**脳覚醒レベル**は，冷涼下で運動を行った場合にはほとんど変化しないが，高温下で運動を行った場合には深部体温の上昇とともに抑制される（**図5**）[5]。これらのことから，運動によって引き起こされる高体温は脳活動にも影響を及ぼしていることがわかる。

　また，暑熱ストレスが**認知機能**に及ぼす影響を検討した研究では，中程度の体温上昇時（通常体温）には状況判断能力の指標となる認知機能が向上するが，温熱負荷を加え体温が過度に上昇した際（高体温）には，認知機能が低下（反応時間が遅延）することが示されている（**図6**）[4]。前述のように，絶対的強度が同一の運動であっても，温熱ストレスによって体温が過度に上昇したことで，心拍数やRPE，温熱感覚といった**主観的指標**も上昇することから，運動終盤に引き起こされる高体温は，生理および主観的指標と同様に，認知機能を低下させる要

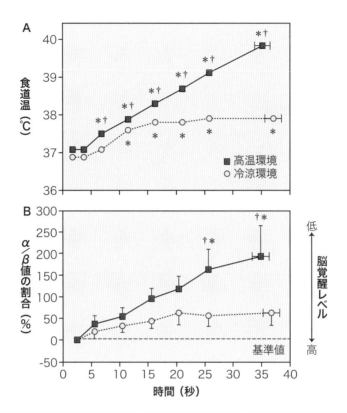

図5 運動時の食道温（A）と前皮質領域の脳波から得られた脳覚醒レベル（B）の変化
競技者は 60% $\dot{V}O_2max$ の自転車運動を高温（42℃）および冷涼（19℃）環境において行った。高温環境では食道温の上昇とともに脳覚醒レベルが低下した（α/β 値の上昇は覚醒レベルの抑制を意味する）。＊：安静時または基準値との比較（p < 0.05），†：条件間の比較（p < 0.05）。
（文献 5 より改変）

因となっていることがわかる。したがって，厳しい環境条件下で長時間実施されるスポーツにおいて，過度な体温上昇を防ぐことは，熱中症の予防のみならず，脳機能や運動パフォーマンスを維持するためにも重要である。

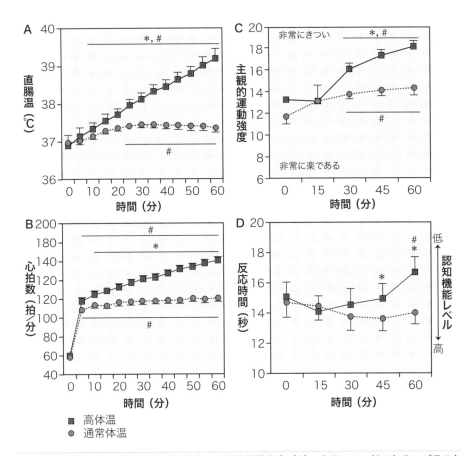

図6　運動時の直腸温（A），心拍数（B），主観的運動強度（C），カラーワードストループテストから得られた反応時間（D）の変化

高体温（循環スーツに47℃の水還流）および通常体温条件（7℃の水還流）において50%$\dot{V}O_2$max の自転車運動を60分行った。高体温条件では，体温，心拍数，主観的運動強度が大きく上昇し，運動後半の認知機能が低下した。#：安静時との比較（$p < 0.05$），＊：条件間の比較（$p < 0.05$）。（文献4より改変）

5. 競技現場における暑さ対策

　勝利に不可欠な実力を高めるには，質の高いトレーニングを暑熱環境下でも実施する必要がある。しかし，これまで述べてきたように，暑熱下では生体負担度が大きくなるため，高い運動パフォーマンスを維持することや質の高いトレーニングを行うことが難しくなる。さらに，過酷なトレーニングを繰り返すアスリートは，大会前のトレーニングや大会中に体調を崩すことが少なくない。

　また，近年の地球温暖化や異常気象などの影響により，夏季におけるスポーツ環境が悪化している一方で，競技レベルを問わず多くの競技会が暑熱下で頻繁に行われている。したがって，暑熱下でも良いコンディションで競技に望むためには，体温の過度な上昇や脱水を防ぎ，運動パフォーマンスや認知機能を低下させない実践的な暑さ対策を積極的に実行する必要がある。

　競技現場で注目されている実践的な暑さ対策を図7に示す。それらは，①水分補給，②暑熱順化トレーニング，③身体外部・内部冷却，④体調管理や栄養補給，睡眠，リカバリー対策を含めたコンディショニング，⑤衣服条件である。これらの暑さ対策に成功した場合，過度な体温上昇の抑制，発汗効率の上昇などに

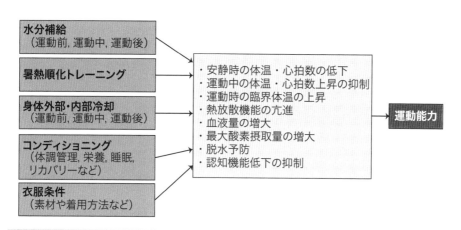

図7　暑熱環境下における実践的暑さ対策
暑さ対策に成功した場合，体温および熱放散機能，呼吸循環系機能，温度および運動感覚機能，最大酸素摂取量の増大など，多くの生理学的効果が得られ，暑熱環境下における運動パフォーマンスの低下や熱中症を防ぐことができる。

よる熱放散機能の亢進，血液量や体水分量の増大による最大酸素摂取量の増大など，多くの生理学的効果が得られ，これらは暑熱環境下における運動パフォーマンスの低下を防ぐ一助となる。それぞれの対策について，後の章で詳しく解説する。

　なお，競技現場で暑さ対策を実践する際は，以下の点に留意するとよい。

1) いずれの対策も暑熱下での運動パフォーマンスの改善に効果的であるが，複数の対策を組み合わせた方がより効果が高まる。

2) 競技現場での実践は各競技のルールや設備に応じて多種多様であり，個人の好みも影響するため，事前に練習などでそれぞれの方法を試し，競技や個人の好みに合わせてカスタマイズすることが望ましい。

文　献

1) González-Alonso J, Teller C, Anderson SL, et al.: Influence of body temperature on the development of fatigue during prolonged exercise in the heat. *J Appl Physiol*, 86, 1032-1039, 1999.

2) Guy JH, Deakin GB, Edwards AM, et al.: Adaptation to hot environmental conditions: an exploration of the performance basis, procedures and future directions to optimise opportunities for elite athletes. *Sports Med*, 45(3): 303-311, 2015.

3) Hasegawa H, Cheung SS: Hyperthermia effects on brain function and exercise capacity. *J Phys Fitness Sports Med*, 2: 429-438, 2013.

4) 風間　彬，高津理美，長谷川博．体温上昇が持久的運動時における認知機能に及ぼす影響．体力科学，61(5): 459-467, 2012.

5) Nielsen B, Hyldig T, Bidstrup F, et al.: Brain activity and fatigue during prolonged exercise in the heat. *Pflugers Arch*, 442: 41-48, 2001.

（長谷川　博）

Chapter 7

水分補給

はじめに

　ヒトの体水分量は身体全体の 60％であり，体重が 60 kg の人の場合，体水分量は約 3.6 L となる。通常，1 日の水分の出納は，2.5 L の摂取（飲料 1.2 L，食物 1.0 L，代謝水 0.3 L）と 2.5 L の損失（尿 1.5 L，便 0.1 L，不感蒸泄 0.9 L）でバランスが保たれている[12]。暑熱環境下の運動時には発汗により体水分が失われるため，その損失分を補給する必要がある。暑熱環境下に限らず，運動中に適切な水分補給を行うことは，パフォーマンス発揮のみならず，熱中症からアスリートの健康を守る意味においても大切である。しかし，発汗量や水分の吸収には個人差があるため，運動中の水分補給量を画一的に示すことはできない。水分補給では，脱水（発汗などで体水分量が減少すること）が体重の 2％以内となること，体重が運動前より増加しないことを目標とし，各個人の特性に合った水分補給を行うことを目指す。ここでは，暑熱環境下における水分補給の方法やタイミング別の留意点について述べる。

1．水分補給の方法

　スポーツ活動時の水分補給方法には，計画的水分補給，自由水分補給，のどの渇きに応じた水分補給の 3 つがある（**図 1**）。**計画的水分補給**とは，あらかじめ決められた量を計画したタイミングで補給する方法である。**自由水分補給**とは，文字通り，飲む量，飲むタイミングとも自由に補給する方法である。**のどの渇きに応じた水分補給**とは，のどが渇いたタイミングで水分を補給する方法であるが，自由水分補給とその生理学的な応答や得られる主観的な感覚は同じである[2]。

　通常環境下で 90 分未満の運動であれば，のどの渇きに応じた水分補給でも問

計画的水分補給	自由水分補給 （のどの渇きに応じた水分補給）
利点：事前に計画された水分量を補給するため，脱水率が2%以上となることを防ぐことができる可能性	**利点**：のどの渇きに応じて飲水するため，過度な水分補給の心配がほとんどない
欠点：実際の発汗量が少ない場合，過度な水分補給となる可能性	**欠点**：発汗量に見合うだけの水分補給ができない可能性

図1　計画的水分補給と自由水分補給の利点と欠点
（文献8より作図）

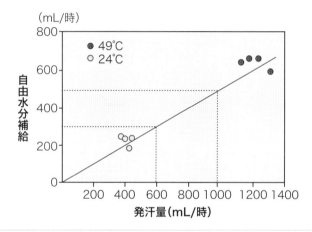

図2　異なる環境温下での運動中における自由水分補給量と発汗量の関係
自由水分補給の場合，いずれの環境温度においても発汗量の半分程度しか水分補給できない。
（文献8より引用）

題がないが，暑熱下であっても通常環境下であっても，自由水分補給では，発汗量に見合った量の水分を補給できない（**図2**）。この背景には，運動時にはのどの渇きが安静時と比較して弱まること[8]，水分がのどを通ることで十分に水分が補給される前にのどの渇きが弱まってしまうこと[6]などがあげられる。これらのことから，水分補給が過剰とならないことに配慮し，それぞれの活動現場の状況や個人の特性にあった計画的水分補給を行うのがよい。

図3　運動時の各タイミングにおける水分補給の目的

表1　暑熱環境下における運動時のタイミング別水分補給方法とその効果

タイミング	具体的な補給量	飲料の温度	飲料の種類	深部体温への影響	その他
運動前（起床から会場到着まで）	体重1 kgあたり5〜7 mLの量を，朝食やその他のタイミングで補給する	各個人の嗜好でよい	ナトリウムなどの電解質を含むスポーツドリンクまたは水など		水の多量摂取は，運動中の尿意を促進する可能性がある
運動前（会場到着から運動開始まで）	上記の補給を継続して行う。PEH*を行う場合はこのタイミングから行うが，その量については個人での検討が必要	冷温で補給し無駄な発汗や体温上昇の遅延を目指す	ナトリウムなどの電解質を含むスポーツドリンク	アイススラリーを摂取することで，深部体温の低下が見込める	会場までの移動中にも発汗があるため，必要であればその量を補う
運動中	発汗量がわかっている場合はその量を補給。わからない場合は，体重の1.5％程度の量を小まめに補給し，運動後の脱水率が2％を超えないようにすることから始め，上記の基準に近づける	冷温（5〜15℃）での補給が望ましい	ナトリウムなどの電解質を含むスポーツドリンク	冷温の飲料を継続的に補給することで深部体温の上昇を鈍化させることができる	自由飲水は飲料の温度が低い方が補給量が多くなるという報告がある
運動後	体重減少1 kgあたり1〜1.5 Lを補給。食事やスープを利用	各個人の嗜好でよいが，体温が高い場合には飲料の温度が高いと発汗を助長する	ナトリウムなどの電解質を含むスポーツドリンクやスープ，経口補水液	アイススラリーを補給すると，体温低下が早まる	損失分を一度に補うことは大変なので，複数回に分けて不足分を補給する

*PEH：運動前水分補給

2.　運動時の水分補給

　運動時の水分補給は,「いつ」「何を飲むか」そしてそれが「どのような効果があるか」を理解することが重要である。**図3**と**表1**に,運動時の水分補給について,補給量の目安,飲料の内容,深部体温への影響などを,タイミング別にまとめた。

2.1　運動前（起床時から会場到着まで）

　練習や試合を体水分量が不足した状態で行うことを防ぐため,起床時から水分補給を意識して行う。練習まで4時間以上ある場合は,体重1 kgあたり5〜7 mLの水分を補給する。この方法を行っても運動開始2時間前までに排尿がなかったり尿の色が濃かったりする場合は,体重1 kgあたり3〜5 mLの水分をさらに補給する[1]。飲料の温度は個人の好みでよいが,水だけを多量に補給すると運動中に尿意を及ぼす可能性や[3]（**図4**）,低ナトリウム血症（血液中のナトリウム濃度が薄まることで疲労感が増加したり,重篤な場合は死に至る）のリスクが高くなる[15]。したがって,スポーツ飲料や軽食（朝食）でナトリウムが含まれたメニューをとり,水だけを多量に補給することは避ける[1]。

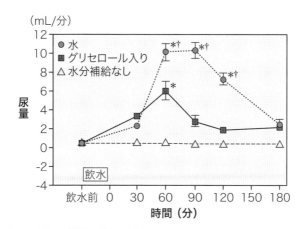

図4　1.8 Lの水,グリセロール入りの水,水分補給なしの各条件における尿量の変化
水のみを補給した場合,グリセロール入り飲料と比較して,尿量が多くなっていることがわかる。
＊：p＜0.05 vs. 水分補給なし,†：p＜0.05 vs. グリセロール入り。（文献3より引用）

2.2　運動前（会場到着から運動開始まで）

　会場へ到着してから運動開始までの水分補給では，試合や練習に体水分量が不足した状態で臨まないことが目的となる。会場までの移動や練習前の準備中にも発汗によって体水分は失われるため，状況に応じて運動開始までに損失分を補う必要がある。また，運動前に深部体温を低下させる目的でアイススラリーなどの身体冷却を行う場合には，このタイミングで行う（Chapter 9 参照）。

　練習中や試合中に水分補給を行う時間が十分に確保できない場合は，あらかじめ水分補給を前倒しして行う方法がある。これは pre-exercise hyper-hydration（PEH：運動前水分補給）と呼ばれ，いくつかの研究によってその有用性が明らかになっている [4, 5, 17]（図5）。実際に PEH を行う場合には，練習や試合時におけるパフォーマンスへの影響，尿意の出現，膨満感など，スポーツ活動を行う際に支障となる現象の有無について個別の検討が必要となるが，計画的水分補給を用いる場合であれば，その総量の何割かを事前に補給する。2018年のアジア競技大会に参加したサッカー日本代表では，事前に体重の 1.2％の量を選手ごとに計算し，その 60％をロッカーアウトまでに，残りの 40％をハーフタイムに補給する水分補給戦略を行った。ただし，水分補給自体が負担にならな

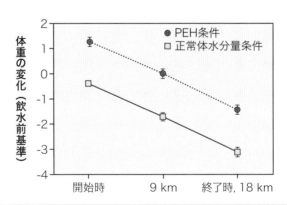

図5　タイムトライアル開始 110 分前にナトリウム入りの水分を体重 1 kg あたり 26 mL 補給した条件（PEH 条件）と，飲水を行わず正常体水分量状態を保った条件での体重の変化
PEH 条件ではタイムトライアル後の脱水率が 2％以内に留まった一方で，正常体水分量条件では脱水率が 3％を超えている。また，事前の飲水によって体重（この場合は体水分量の増加と考えられる）が増加していることもわかる。（文献 4 より引用）

いように，選手個人の嗜好を補給戦略に反映させた。選手ごとの詳細な水分補給
量は不明だが，暑熱環境下での大会にもかかわらず脱水率は平均で2.5%程度で
あった（**図6**）[14]。

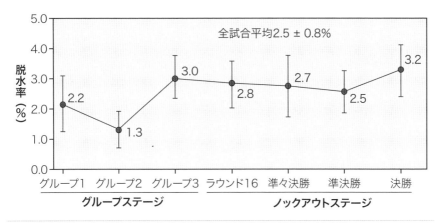

図6　第18回アジア競技大会におけるサッカー日本代表の試合後の脱水率

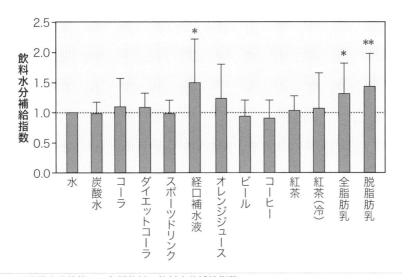

図7　正常体水分状態での各種飲料の飲料水分補給指数
飲料水分補給指数（BHI：beverage hydration index）は，正常体水分量状態で各飲料を摂取
した後の尿量から算出されている。水を1とした指数で評価し，1より高いと水より多くの水
分が体内に留まっていることを示す。＊：$p < 0.01$ vs. 水，＊＊：$p < 0.05$ vs. 水。
（文献10より引用）

また，経口補水液（ナトリウム濃度がスポーツドリンクより高い）は**飲料水分補給指数**（beverage hydration index：BHI）が水よりも高い（**図7**）。暑熱環境下において多量の発汗が予想される場合には，運動前に水のみを補給するより体水分量の保持には有効であると予想されるが，運動中にも運動前の補給効果が持続されるのか，また水以外の飲料との関係など明らかになっていない点がある。

2.3　運動中

暑熱環境か通常環境かにかかわらず，運動時の水分補給は，運動後の脱水率を2％以内に留めることを目標とする[1]。運動中の水分補給方法は，前述の理由から計画的水分補給を推奨するが，水分の過剰摂取による体重増加，いわゆ

表2　暑熱環境下における飲料の温度による水分補給量の違い

研究	実験群		対照群		運動・環境
	飲料温度	飲水量	飲料温度	飲水量	
Mündel[11]	4℃	1.3L／1時間	19℃	1.0L／1時間	疲労困憊までの自転車運動（34℃，28％）
Szlyk[19]	15℃	約3.2L	40℃	約2L	6時間の歩行中（40℃，42％）

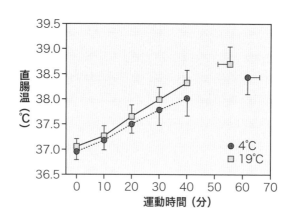

図8　19℃と4℃の飲料を補給した際の深部体温の変化
4℃の飲料を15分ごとに300 mL補給することで，19℃の飲料を補給した場合と比べて深部体温の上昇が鈍化している。（文献11より引用）

る飲み過ぎに注意しなければならない。飲料の温度が低い方が補給量が多くなるため[11,19]（**表2**），基本的には冷温飲料での計画的水分補給を行う（注:『スポーツ活動中の熱中症予防ガイドブック』[15] では飲料の温度は5〜15℃が推奨されている）。また，運動中に小まめな水分補給を行うことで深部体温の上昇を遅らせることができる[7,11]（**図8**）。

2.4　運動後

　運動後の水分補給では，失われた体水分を素早く回復させること，体温をなるべく早く安静状態に近づけ，余計な発汗を防ぐことが目的となる。運動後の適切な水分補給量を把握するため，またその日の水分補給量が適切だったかの判断（脱水率2％以内を基準とする）を行うために，運動後の体重測定が必要となる。運動後の水分補給量は，体重減少1 kgにつき1〜1.5 Lを目安にする[1]。脱水量が多い場合は，一度に大量の水分補給を行うことが難しい場合があるため，複数回に分けて水分補給を行ってもよい。運動後の食事（スープ類など）を利用したり（**図9**），スポーツドリンクや経口補水液などナトリウムが含まれる飲料を利用したりして，体水分量の早期回復を目指す[9,16,18]。また，運動後にアイススラリーを摂取することで，深部体温の低下が促進される（**図10**）[13]。

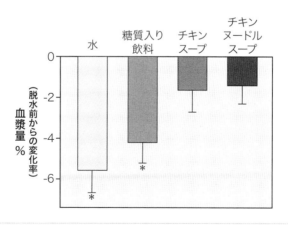

図9　脱水後の血液量の回復に飲料の種類が与える影響
脱水からの血液量の回復には，塩分を含んだスープの方が水や糖質飲料より効果的であった。
＊：p < 0.05 vs. 脱水前。（文献16より引用）

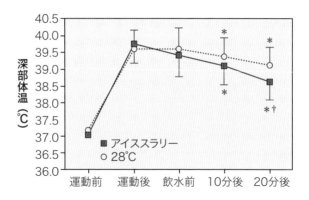

図10 運動後の深部体温低下に対するアイススラリーの摂取効果
深部体温の上昇後に体重1kgあたり4gのアイススラリーを摂取すると，同量の28℃の飲料を摂取した場合（対照）と比べて，20分後に深部体温が有意に低下した。交互作用あり：＊：p＜0.05 vs. 運動後，†：p＜0.05 vs. 28℃（文献13より引用）

　以上，暑熱環境下における水分補給について，計画的な水分補給の重要性やタイミング別の水分補給のポイントについて紹介した。暑熱環境下での水分補給をより効果的にするためには，運動のそれぞれのタイミングにおけるポイントを理解することに加え，脱水や水分の過剰摂取が，パフォーマンス発揮，熱中症や他の障害にどのような関係があるかを理解するための取り組み（講師を招いた勉強会やチーム内での意見交換など）なども併せて行い，戦略的に取り組む必要がある。

文　献

1) American College of Sports Medicine position stand. Exercise and fluid replacement. *Med Sci Sports Exerc*, 39: 377-390, 2007.
2) Armstrong LE, Johnson EC, Kunces LJ, et al.: Drinking to thirst versus drinking ad libitum during road cycling. *J Athl Train*, 49: 624-631, 2014.
3) Freund BJ, Montain SJ, Young AJ, et al.: Glycerol hyperhydration: hormonal, renal, and vascular fluid responses. *J Appl Physiol*, 79: 2069-2077, 1995.
4) Gigou PY, Dion T, Asselin A, et al.: Pre-exercise hyperhydration-induced bodyweight gain does not alter prolonged treadmill running time-trial performance in warm ambient conditions. *Nutrients*, 4: 949-966, 2012.
5) Goulet EDB, Rousseau SF, Lamboley CRH, et al.: Pre-exercise hyperhydration delays dehydration and iImproves endurance capacity during 2 h of cycling in a

temperate climate. *J Physiol Anthropol*, 27: 263-271, 2008.

6) Greenleaf JE: Problem: thirst, drinking behavior, and involuntary dehydration. *Med Sci Sports Exerc*, 24: 645-656, 1992.

7) Hasegawa H, Takatori T, Komura T, et al.: Combined effects of pre-cooling and water ingestion on thermoregulation and physical capacity during exercise in a hot environment. *J Sports Sci*, 24: 3-9, 2006.

8) Kenefick RW: Drinking strategies: planned drinking versus drinking to thirst. *Sports Med*, 48 (Suppl 1): 31-37, 2018.

9) 松隅京子, 入江　伸, 古家英寿 他：サウナ浴による健康成人脱水モデルを対象としたオーエスワン (OS-1) の水・電解質補給効果の検討. 薬理と治療, 31: 869-884, 2003.

10) Maughan RJ, Watson P, Cordery PA, et al.: A randomized trial to assess the potential of different beverages to affect hydration status: development of a beverage hydration index. *Am J Clin Nutr*, 103: 717-723, 2016.

11) Mündel T, King J, Collacott E, et al.: Drink temperature influences fluid intake and endurance capacity in men during exercise in a hot, dry environment. *Exp Physiol*, 91: 925-933, 2006.

12) 中井誠一：運動と水分摂取. In: 井上芳光, 近藤徳彦 編, 体温 II－体温調節システムとその適応. ナップ, 東京, p.170, 2010.

13) Nakamura M, Nakamura D, Yasumatsu M, et al.: Effect of ice slurry ingestion on core temperature and blood pressure response after exercise in a hot environment. *Journal of Thermal Biology*, 98: 2021.

14) 中村真理子, 中村大輔, 松本良一 他：暑熱環境下での試合における効果的な身体冷却法の検証. ハイパフォーマンススポーツ・カンファレンス 2019, 2019.

15) 日本スポーツ協会：スポーツ活動中の熱中症予防ガイドブック, 第5版, 2019.

16) Ray ML, Bryan MW, Ruden TM, et al.: Effect of sodium in a rehydration beverage when cosumed as a fluid or meal. *J Appl Physiol*, 85: 1329-1336, 1998.

17) Savoie FA, Asselin A, Goulet ED: Comparison of sodium chloride tablets-induced, sodium chloride solution-induced, and glycerol-induced hyperhydration on fluid balance responses in healthy men. *J Strength Cond Res*, 30: 2880-2891, 2016.

18) Shirreffs SM, Maughan RJ: Volume repletion after exercise-induced volume depletion in humans: replacement of water and sodium losses. *Am J Physiol*, 274: F868-F875, 1998.

19) Szlyk PC, Sils IV, Francesconi RP, et al.: Effects of water temperature and flavoring on voluntary dehydration in men. *Physiol Behav*, 45: 639-647, 1989.

（中村　大輔）

Chapter 8

暑熱順化

はじめに

　暑熱環境が運動パフォーマンスを低下させることは，非常によく知られている（詳細は Chapter 2 を参照）。酷暑が予想される第 32 回オリンピック競技大会（2020／東京）に向けて，国際オリンピック委員会（IOC）はアスリートに対する暑熱環境対策指針『Beat The Heat』[14] を発信した。この中で，重要な暑熱環境対策として最初にあげられているのが暑熱順化である。スポーツ庁からも「梅雨の合間に突然気温が上昇した日や梅雨明けの蒸し暑い日など，体が暑さに慣れていない時期に起こりやすいことを踏まえ」，この時期の運動会の練習などのスポーツ活動中の熱中症事故防止のための適切な処置を講じるように，各都道府県および各競技団体に通達している。ここでは，最近の研究成果を踏まえて，アスリートだけではなく一般にスポーツを行う人が知っておくべき効果的な暑熱順化のポイントを解説する。

1. 暑熱順化の効果

　暑熱順化とは，一言でいうと，身体が暑さに慣れることである。普段涼しい環境下で運動しているアスリートが暑熱環境下で運動を行うと，運動による体温上昇が大きくなり，主に持久性の運動パフォーマンスに影響を及ぼすことが知られている。しかし，暑熱環境下で，連日繰り返し運動トレーニングを行うと，同じ運動における体温上昇は小さくなり，運動パフォーマンスの低下も抑えられるようになる。

　暑熱順化による生理学的機能とパフォーマンスの主な変化を**表1**にまとめた。暑熱環境下でのパフォーマンスを制限する要因になる深部体温と皮膚温は，とも

表1　暑熱順化による生理学的機能とパフォーマンスの主な変化

体温	低下	深部体温低下 皮膚温低下
発汗	改善	発汗開始閾値低下 発汗量増加
皮膚血流	改善	血管拡張閾値低下 血流量増加
心臓循環系	改善	心拍数低下 1回拍出量増加 心拍出量増加 血圧安定
体液バランス	改善	電解質の損失減少 体水分量増加 血漿量増加 腸管の浸透圧低下 胃腸の不調減少
骨・筋代謝	改善	筋グリコーゲン貯蔵量増加 筋と血漿の乳酸値低下
暑熱耐性	増加	熱ショックたんぱくの発現増加 細胞保護作用改善
感覚	改善	温熱感覚低下 温熱快適感上昇 自覚的運動強度低下 疲労感低下 口渇感上昇
運動パフォーマンス	改善	最大酸素摂取量増加 無酸素性作業閾値上昇 筋発揮パワー増加 タイムトライアル改善 疲労困憊に至るまでの時間延長 間欠的スプリントパフォーマンス改善

（文献 11，21 より作表）

に安静時も運動時も暑熱順化によって低下する。その要因として，運動の早い段階から皮膚血管を拡げて熱の放散を開始できるようになり，血流量が増加し血液循環が良くなり，熱放散機能が改善する。同時に，運動の早い段階から発汗するようになり，結果として発汗量が増加し，汗の蒸発（気化熱）による熱放散機能も改善する。また，汗による電解質の損失量が減り（汗の塩分濃度が低下し），筋収縮にも関係する電解質の体液バランスは改善される。さらに，運動パフォーマンスへの影響が大きい心臓循環系や代謝系では，順化後1週間ほどで，心筋機

能の改善による1回拍出量の増加と心拍数の低下がみられ，暑熱環境下でも心拍出量および血圧は維持される。有酸素性のエネルギー産生で賄える運動強度(乳酸閾値)が上昇することから，筋のグリコーゲン貯蔵量は維持され，筋と血漿の乳酸レベルも低く抑えられる。これらの結果，全体としての代謝量が低く抑えられるようになる。また，暑熱順化前後で同じ運動を行った際の自覚的運動強度は低くなり，暑さに対する感覚も改善され，疲労感も低く抑えられる。

　暑熱順化の運動パフォーマンスに対する効果は，有酸素性パフォーマンスに対して多く報告されており，一定強度の運動時の酸素摂取量（代謝量）が低く抑えられることや，最大酸素摂取量が向上することが報告されている。Chalmers らによるメタ分析[5]の結果では，60分の中強度以上の運動を伴う5〜7日の暑熱順化が，有酸素性パフォーマンスの改善には必要であることが示されている。サッカーのような球技種目に対しても，暑熱順化は効果があるようである。実験室的研究では，サッカーをシミュレートしたシャトルランテストなどで，スプリントタイムが暑熱順化後に向上したことや[28]，プロサッカー選手が中東地域でトレーニングキャンプを行ったことにより，間欠的な高強度運動パフォーマンスが改善されたことが報告されている[24]。一方，暑熱環境によるパフォーマンス低下の影響が小さいと考えられている，無酸素性パフォーマンスに対する暑熱順化研究

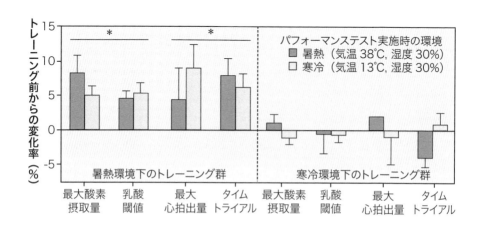

図1　運動パフォーマンスに対する暑熱環境下のトレーニングと寒冷環境下のトレーニングの比較
＊：p < 0.05 vs. トレーニング前。(文献17より引用)

の報告は非常に少ない。特に，100 m 走のような単発のスプリントパフォーマンスに対する暑熱順化の効果に関しては，今後の研究成果が期待されている。

　興味深い研究結果として，Lorenzo ら [17) は，50% $\dot{V}O_2$max 強度以下の 10 日間の低強度トレーニングを，13℃の寒冷環境下と 40℃の暑熱環境下で行った場合の効果を比較した結果，寒冷環境下のトレーニング後はいずれの環境下のパフォーマンス発揮にも効果を及ぼさなかったが，暑熱環境下でのトレーニング後は，暑熱環境下だけでなく寒冷環境下においても最大酸素摂取量，乳酸閾値，タイムトライアルといったパフォーマンスが向上したことを報告している（**図 1**）。同様の研究は，サッカー，水泳，トライアスロン競技などでも報告されており，高地トレーニングと同様に，運動パフォーマンス向上を目的とした暑熱環境トレーニングの可能性を示唆している [6)]。

2.　暑熱順化の種類

　『Beat The Heat』でも紹介されているアスリートに対する暑熱順化の種類を**図 2** に示した。暑熱順化で重要なことは，深部体温と皮膚温を上昇させ発汗機能を刺激するために，身体の内部と外部の両方から温熱負荷を与えることである。身体の内部からの温熱負荷とは身体運動のことであり，外部からの温熱負荷とは気温や水温による温熱負荷のことである（**図 3**）。つまり，最も効果的なのが暑熱環境下での運動であるが，実際には，時間や費用，場所などの制約によりこのような条件を整えることができない場合がほとんどである。したがって，暑熱順化計画を練るうえでは，暑熱順化方法の種類を理解し，その中から現状に適した方法を探ることが大変重要となる。

　暑熱環境には人工的な環境によるものと自然環境によるものがあり，前者による順化を**人工環境順化**（acclimation），後者による順化を**自然環境順化**（acclimatisation）という。人工環境順化は主に実験室や，気温や湿度を設定できる室内で行うことから，身体への温熱刺激のコントロール，体温や心拍数の測定による順化レベルの観察が可能である。一方，自然環境順化は，実際に大会が行われる屋外のピッチやフィールドで，大会時と同じ暑熱環境かそれ以上の暑熱環境条件で行う必要があり，移動や宿泊のコストが負担となる。しかし，利点

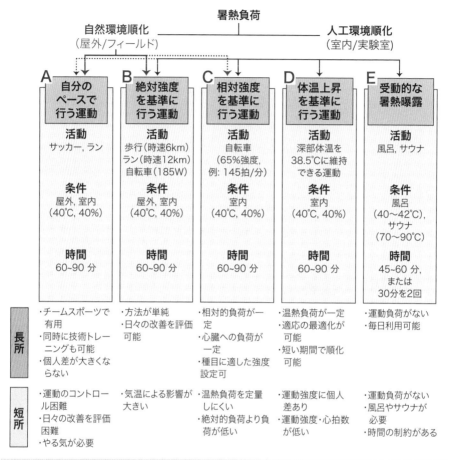

図2　暑熱順化方法の種類とそれぞれの実践例，長所と短所
（文献 7，14，22 より作図）

としては，実際に行うスポーツ種目と同じ動きでトレーニングすることができ，
大人数を同時に順化させることが可能である（**表2**）．暑熱順化で行われている
運動としては，主に自然環境順化で実施される，自分のペースで行う運動（**図
2A**）や絶対的運動強度（一定速度や負荷）の運動（**図2B**），主に人工暑熱環境
で実施される相対的運動強度（最大心拍数や最大酸素摂取量に対する割合負荷）
を基準にした運動（**図2C**），体温上昇度を基準にした（一般的には深部体温が
38.5℃以上になる）運動（**図2D**）の4種類が実践されている．また，運動を伴

わない人工暑熱順化方法として，風呂やサウナに入浴する受動的な暑熱曝露（**図 2E**）がある。

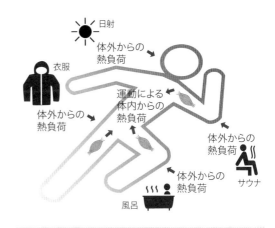

図 3　暑熱順化で必要な温熱負荷

これまで，暑熱順化の効果に関する研究では，伝統的に人工環境順化が行われており，暑熱順化の生理学的なメカニズムの解明がなされてきた。近年になって，特にアスリートに対する実践的な暑熱順化方法として，自然環境順化が注目を集めている。カタール国の研究機関 Athlete Health and Performance Research Center（ASPETAR）の Racinais ら [24] は，1 年を通して暑熱環境となるカタール国の特徴を生かして，サッカー，オーストラリアンフットボール，自転車競技のアスリートに対する自然環境順化による効果を報告している。いずれの研究においても，約 1 週間の暑熱環境でのトレーニングキャンプ後に体力テストや試合におけるパフォーマンスは向上し，その生理学的要因として血漿量の増加を示唆している。アスリートを対象とした『Beat The Heat』の中では，競技が行われる環境と同じ自然環境下で 1 回 60 〜 90 分

表 2　自然環境順化と人工環境順化の長所と短所

項目	自然環境順化	人工環境順化
環境条件のコントロールしやすさ	×	◎
実際の競技環境条件との近さ	○	×
温熱刺激のコントロールしやすさ	×	◎
体温や心拍数などの生理的反応の観察しやすさ	○	◎
準備する機器などのコストパフォーマンス	○	×
大会に出発する前に実施する実現性	×	◎
準備すべき物品の少なさ	○	△
トレーニングを中断せずに行えるか	○	△
大人数への対応しやすさ	○	△

（文献 9 より一部改変）

の軽運動を約 2 週間行う自然環境順化を勧めている。しかし，このような自然環境をすべてのアスリートが用意できることは難しく，ヒーターで室温を上げた室内での人工環境順化も多く行われている。このような人工環境も用意できない場合は，通常の環境下で通気性の悪い服（サウナスーツやウインドブレーカー）を着用して運動トレーニングを行うことで，最低限の効果を得られることも示唆されている[9, 20]。われわれが実際に行ったデンマーク 2 部リーグ所属のサッカー選手 1 名に対するウインドブレーカー着用による 1 日 40 分，5 日の暑熱順化トレーニングの結果では，暑熱順化前の暑熱ウエア条件でのパフォーマンステスト（Copenhagen Soccer Test[2]：サッカーのシミュレーションテスト中に行った 5 分ごとのスプリントテスト）でみられた後半のパフォーマンス低下が，順化前の通常ウエア条件でのテストパフォーマンスと同レベルまで改善されることを観察した（**図 4**）（Yasumatsu 他，未発表資料）。このことは，衣服を工夫することによって，自然環境下でも体温上昇度を基準にした（一般的には深部体温が 38.5℃以上になる）運動による暑熱順化（**図 2D**）が実施できることを示唆している。

　また，風呂やサウナに入浴する受動的な暑熱曝露（**図 2E**）は運動負荷がないため筋の疲労を起こさないが，同時に暑熱負荷としては外的な温熱負荷しかないことが特徴である。この特徴を利用して，実際の大会前にトレーニング量を下げて競技会本番に備える時期（テーパリング）や，暑熱順化後の涼しい環境下での

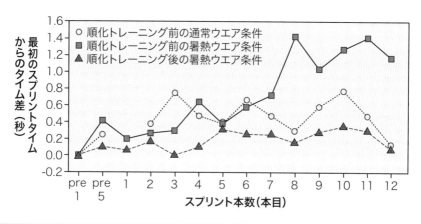

図 4　Copenhagen Soccer Test[2] のスプリントパフォーマンスに対する暑熱順化トレーニングの効果

トレーニング期においては，暑熱順化効果の消失防止策としてトレーニングの後に 30 〜 60 分の風呂やサウナへの入浴を併せて行う方法が提唱されている[22]。

3. 暑熱順化に必要な日数

　図 5 は，暑熱環境で連日同じ強度で運動した際の生体反応の変化を示したものである。運動中の体温，心拍数は運動を開始した初日，2 日目は非常に高いが，徐々に低い値になっていく。これは，発汗量が次第に増加し，汗の蒸発による皮膚の冷却機能が改善されたことによると考えられていて，言い換えれば，同じ暑さと運動でも，連日の負荷によって生体にかかる負担度が軽くなっていくことを示している。この図から，暑さに対する生理学的反応は 4 日程度で順化できることが理解できる[16]。しかし，アスリートが暑熱環境下で最適な運動パフォーマンスを発揮するためにはさらに日数が必要で，一般的には 7 〜 10 日が必要であると考えられている[3]。

　この順化に要する日数は，普段強度の高いトレーニングを行っているアスリートの方が少なくて済むことが示唆されていることから，アスリートに対する 7

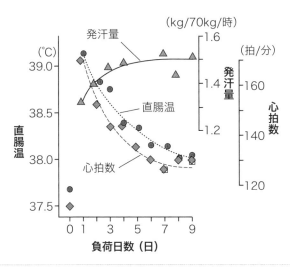

図 5　9 日間の暑熱順化による主な生理的機能の変化
（文献 16 より引用）

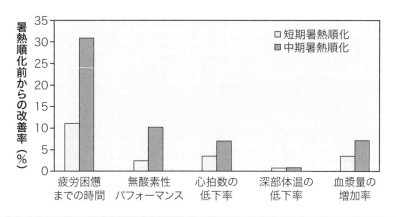

図6 運動パフォーマンスおよび生理機能に対する短期（7日以下）暑熱順化（STHA）と中期（8
〜14日）暑熱順化（MTHA）の比較（文献 12 より引用）

日以下の短期間での暑熱順化方法（short-term heat acclimation：STHA）が
近年注目されるようになった[5, 10]。ところが，STHA と 8 〜 14 日での順化方法
（medium-term heat acclimation：MTHA）を比較した報告では，いずれの
方法も運動パフォーマンスは向上するが，MTHA の方が疲労困憊に至るまでの
時間や高強度運動パフォーマンスの上昇率，運動終了時の心拍数の低下率，血漿
量の増加率が大きくなることが示唆されている（図6）[12]。また，大きな大会で
はテーパリングを設けるのが一般的であることから，トレーニング強度と量が短
期間に必要となる STHA は不向きである。さらに，暑熱順化の維持期間は順化
期間に比例して長くなることから，チームスポーツのように予選リーグと決勝
トーナメントが数日にわたって暑熱環境下で行われるような場合は，可能な限り
暑熱順化期間を長くすることが推奨されている。長い期間の暑熱順化を行う場合
は，3日以上連続しないことを条件に，涼しい環境や時間帯での高強度運動セッ
ションを行うことも勧められている[18]。

4. 暑熱順化効果の消失期間と再順化の方法

　暑熱順化により獲得した生理学的機能は，暑熱順化終了後にはいずれ消失す
る。暑熱順化の効果が消失する期間は1〜3週間とする報告が多いが，具体的な

消失の程度や順化期間終了後の再順化の効果に関しての報告は非常に少なかった。Wellerらの10日間の暑熱順化終了12日後と26日後の生理学的機能の消失を検証した研究[29]では，26日後まで深部体温上昇度や主観的運動強度に対する効果は消失しなかったが，12日後では心拍数と発汗量に対する効果に消失がみられ，26日後ではそれらに加えて皮膚温上昇度，心拍数，発汗量に対する効果に消失がみられた。しかし，その12日後では2日，26日後では4日の再暑熱順化で暑熱順化直後のレベルに回復したことを報告した。このことは，暑熱順化終了後は約5日に1日は暑熱への再順化が必要であることを示唆している。Daanenら[7]は，これまで報告されている順化の消失期間に関する研究結果を統合的に分析し，心拍数や深部体温に対する暑熱順化効果は1日あたり約2.5%ずつ失われ，暑熱順化終了後1ヵ月以内の再順化により獲得される暑熱順化効果は，最初の順化よりも8～12倍早く獲得されることを示した。RacinaisとPériard[26]は，東京オリンピック・パラリンピック競技大会に向けた準備として，2週間の暑熱順化後に2～3週間のテーパリング期間を設ける場合，テーパリング期間中に3日に1日程度の割合で，運動や風呂・サウナなどによる温熱負荷（図3）により，暑熱順化効果に対する消失の影響を最小限にとどめ，東京に入ってからの再暑熱順化期間を短くし，さらに順化効果も強化できる準備案を提唱している（図7）[26]。

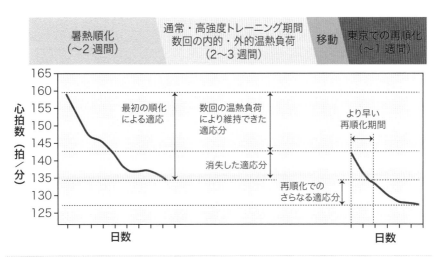

図7　東京オリンピック・パラリンピック競技大会に向けた暑熱順化準備案（文献26より引用）

5. 暑熱順化レベルの評価方法

　暑熱順化レベルを評価することは，実際の暑熱環境で重要な競技会が行われる場合の準備期間において大変重要である。これまで，暑熱順化効果を評価するテストとしては，イスラエルの主に兵士を対象とした**暑熱耐性テスト**が有名である[19]。このテストは，時速5 kmで120分，気温40℃，相対湿度40％の環境条件下で歩行運動を行い，運動終了時の深部体温（38.5℃以下）と心拍数（145拍/分以下）から評価する。しかし，実際のスポーツ競技現場で使用するにはテスト時間が長いことから，運動強度をより高くして深部体温が39.5℃に到達するまでの時間で評価するものや[15]，より暑熱負荷が大きい環境下（44℃，44％）での短い運動時間と安静時間から評価するものが[25]，アスリートを対象とした暑熱耐性テストとして提案されている。

　一方，普段のトレーニング中でも実施できるコンディションチェックが，暑熱順化レベルの評価に応用できるかもしれない[22]。例えば，ウォーミングアッ

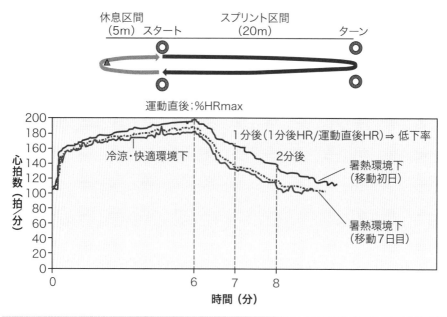

図8　最大下 Yo-Yo 間欠的回復力テストレベル1（YYIR1）によるコンディションチェックの考え方（文献13より引用）

プで行われるような，毎回同じ速度で行う運動，例えばサッカーで広く使用されている Yo-Yo 間欠的回復力テストレベル1（Yo-Yo Intermittent Recovery Test level 1：YYIR1）を利用する方法である。図8にこのテストを利用したコンディションチェックの考え方を示した。本来疲労困憊まで至る YYIR1 を，テスト途中の開始6分で終了し，その際の相対的強度（%最大心拍数），終了時から終了1分後および2分後までの心拍の低下率から評価するものである[13]。暑熱下で行った際の心拍数が，冷涼または快適環境で同じテストを行った時の数値に近づいて行くことが，暑熱順化効果の獲得レベルを反映していると考えられる。実際に，サッカー日本代表チームでは，高地環境や暑熱環境で開催される大会前には，大会本番まで数日に1回，この最大下 YYIR1 テストを行い，選手の環境への順化レベルを含めたコンディションの評価を行っていた[30]。

6．暑熱順化の実際

　実際の競技現場では，暑熱順化効果と大会に向けたトレーニング強度の設定（テーパリング）や，日程や費用などコストと効果のバランスが問題になる[4]。『Beat The Heat』の中では，このような様々な事情を鑑みて，図9のような4つの戦略を提案している。大会に向けて，準備する期間を6週間以上とれる場合には，約6週前に2週間の十分な自然環境順化を大会現地と同等以上の暑熱環

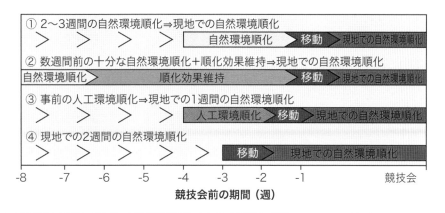

図9　競技大会に向けた暑熱順化戦略の例（文献14より引用）

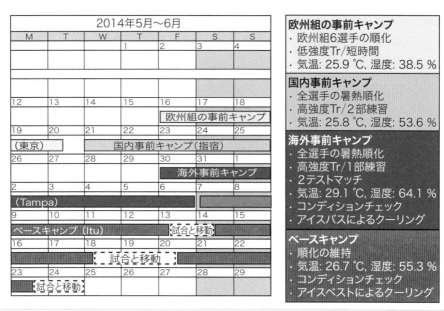

図10　2014 FIFA ワールドカップ ブラジル大会に向けたサッカー日本代表チームの暑熱順化戦略

境で行い，その後の1週間前までは，体力強化とテーパリングを考慮しながら，少なくとも5日に1日は**暑熱再順化**（暑熱曝露）を行いながら暑熱順化効果を維持したまま現地に行く方法が勧められている（図9②）[23]。準備に4週間しか用意できない場合は，暑熱順化を完全に行うための2～3週間の自然環境順化の後すぐに現地に行くか（図9①），2～3週間の人工環境順化の後に現地で自然環境順化を1週間行いながら調整する方法（図9③）があげられている。最後に，準備期間が最低限の2週間しかとれない場合は，いきなり現地に行って2週間の自然環境順化を行うしかない（図9④）。実際の競技会に向けた準備では，暑熱順化だけではなく体力強化も行う必要があることから，強度をあまり上げられない暑熱順化を直前に行うのか，事前に行うのかは，スポーツ競技によっても異なるだろう[22]。

　これらのガイドラインや研究成果が発表される前の2014年に，酷暑で開催された 2014 FIFA ワールドカップ ブラジル大会に向けたサッカー日本代表の暑熱順化プランは，**図9**①に近かった。しかし，自然環境順化を目的とした鹿児島県指宿の国内事前キャンプでは，梅雨前線の影響で十分な暑熱環境にならなかっ

たことから，自然環境順化はブラジルに入る 10 日前から気温 30℃以上の米国マイアミでの事前合宿で行った。その後滞在の拠点となったベースキャンプ地は，比較的涼しい環境であったが，1 日の最も気温の高い時間にトレーニングを行うなどして，暑熱順化レベルの維持に努めていた（**図 10**）。このように，実際の競技現場では，自然環境の誤算などによるプラン変更の瞬発的な判断が要求されることもあり，コンディショニングスタッフが暑熱順化に関する基礎的な知識を理解しておくことは大変重要である。

7. 暑熱順化についてのその他の留意点

　暑熱順化の効果は，個人差も大きく，様々な条件によって一様でないことも報告されている[6]。例えば，女性は男性よりも発汗し始める体温が高いことから，男性よりも長い暑熱順化期間が必要である可能性がある。また，熱帯地域出身者や持久性能力が高い人ほど，暑熱順化の効果がより早くみられるようである。

　一見，**暑熱耐性**が改善されると**水分補給量**も少なくて済むと誤解してしまうが，むしろ補給量は多くしなくてはならないのが正しい認識である。前述したように，暑熱順化中は，発汗機能の向上により発汗量が増加し，体水分の損失も通常より大きくなる。したがって，体水分レベルを維持するためには，必然的に水分補給量も増やす必要が出てくる。さらに，脱水に陥る状況になると，暑熱順化によって獲得された暑熱耐性が阻害されることも示唆されている[27]。したがって，利

表 3　効果的な暑熱順化方法のポイント

1	体外（暑熱環境）と体内（運動による産熱）の両方から温熱負荷を与える
2	競技会に向けた準備期間，費用，トレーニング強度に応じて，自然環境順化と人工環境順化のどちらか，または両方の組み合わせを選択する
3	運動パフォーマンスに効果的な暑熱順化には 7 〜 14 日を要する
4	暑熱順化期間後にその効果を維持するためには，5 日に 1 日は暑熱環境下でトレーニングを行う
5	暑熱順化後 1 ヵ月以内であれば，再順化による効果は最初の順化よりも早く獲得できる
6	暑熱順化中のトレーニングの時間と強度は，短時間・低強度から徐々に上げていき，高強度のトレーニングも数回は行う
7	暑熱順化中および順化後は，脱水にならないように水分補給と体調管理を怠らないようにする

尿作用があるカフェインやアルコールは，暑熱順化期間中および順化後の競技会前はできるだけ摂取しないことが推奨されている[8]。これらのことから，暑熱順化を効果的に行うには，順化期間中の体水分レベルを，体重測定や尿の量と色のチェックなどから丁寧に管理することが重要となる。

最後に，効果的な暑熱順化方法のポイントを**表3**にまとめた。

文　献

1) Bangsbo J, Iaia FM, Krustrup P: The Yo-Yo intermittent recovery test: a useful tool for evaluation of physical performance in intermittent sports. *Sports Med*, 38: 37-51, 2008.

2) Bendiksen M, Bischoff R, Randers MB, et al.: The Copenhagen Soccer Test: physiological response and fatigue development, *Med Sci Sports Exerc*, 44(8): 1595-1603, 2012.

3) Bergeron MF, Bahr R, Bärtsch P, et al.: International Olympic Committee consensus statement on thermoregulatory and altitude challenges for high-level athletes. *Br J Sports Med*, 46(11): 770-779, 2012.

4) Casadio JR, Kilding AE, Cotter JD, et al.: From Lab to Real World: Heat Acclimation Considerations for Elite Athletes. *Sports Med*, 47(8): 1467-1476, 2017.

5) Chalmers S, Esterman A, Eston R, et al.: Short-term heat acclimation training improves physical performance: a systematic review, and exploration of physiological adaptations and application for team sports, *Sports Med*, 44(7): 971-988, 2014.

6) Corbett J, Neal RA, Lunt HC, et al.: Adaptation to heat and exercise performance under cooler conditions: a new hot topic, *Sports Med*, 44(10):1323-1331, 2014.

7) Daanen HAM, Racinais S, Périard JD: Heat acclimation decay and re-induction: a systematic review and meta-analysis. *Sports Med*, 48: 409-430, 2018.

8) Eichner ER: Treatment of suspected heat illness. *Int J Sports Med*,19(Suppl 2): S150-S153, 1998.

9) Ely BR, Blanchard LA, Steele JR, et al.: Physiological responses to overdressing and exercise-heat stress in trained runners. *Med Sci Sports Exerc*, 50: 1285-1296, 2018.

10) Garrett AT, Rehrer NJ, Patterson MJ: Induction and decay of short-term heat acclimation in moderately and highly trained athletes. *Sports Med*, 41(9): 757-771, 2011.

11) Gibson OR, James CA, Mee JA, et al.: Heat alleviation strategies for athletic performance: a review and practitioner guidelines. *Temperature*, 7: 3-36, 2020. DOI: 10.1080/23328940.2019.1666624

12) Guy JH, Deakin GB, Edwards AM, et al.: Adaptation to hot environmental conditions: an exploration of the performance basis, procedures and future directions to optimise opportunities for elite athletes. *Sports Med*, 45(3): 303-311, 2015.

13) 長谷川裕,安松幹展 訳(Bangsbo J, Mohr M 著): パフォーマンス向上に役立つサッカー選手の体力測定と評価. 大修館, 東京, 2015.

14) International Olympic Committee (IOC): Beat The Heat During The Olympic Games Tokyo 2020, https://www.olympic.org/athlete365/well-being/beat-the-heat, 2019.

15) Johnson EC, Kolkhorst FW, Richburg A, et al.: Specific exercise heat stress protocol for a triathlete's return from exertional heat stroke. *Curr Sports Med Rep*, 12(2): 106-109, 2013.

16) Lind AR, Bass DE: Optimal exposure time for development of acclimatization to heat. *Fed Proc*, 22: 704-708, 1963.

17) Lorenzo S, Halliwill JR, Sawka MN, et al.: Heat acclimation improves exercise performance. *J Appl Physiol*, 109(4): 1140-1147, 2010.

18) Maughan RJ, Shirreffs SM, Ozgünen KT, et al.: Living, training and playing in the heat: challenges to the football player and strategies for coping with environmental extremes. *Scand J Med Sci Sports*, 20(Suppl 3): 117-124, 2010.

19) Moran DS, Erlich T, Epstein Y: The heat tolerance test: an efficient screening tool for evaluating susceptibility to heat. *J Sport Rehabil*, 16(3): 215-221, 2007.

20) Nybo L: Endurance training and competition in the heat. In: Mujika I, ed, *Endurance Training: Science and Practice*. Mujika, Vitoria-Gasteiz, Spain, 2012.

21) Périard JD, Racinais S, Sawka MN: Adaptations and mechanisms of human heat acclimation: applications for competitive athletes and sports. *Scand J Med Sci Sports*, 25(Suppl 1): 20-38, 2015.

22) Pryor JL, Johnson EC, Roberts WO, et al.: Application of evidence-based recommendations for heat acclimation: individual and team sport perspective. *Temperature*, 6: 37-49, 2019.

23) Pryor JL, Pryor RR, Vandermark LW, et al.: Intermittent exercise-heat exposures and intense physical activity sustain heat acclimation adaptations. *J Sci Med Sport*, 22: 117-122, 2019.

24) Racinais S, Alonso JM, Coutts AJ, et al.: Consensus recommendations on training and competing in the heat. *Scand J Med Sci Sports*, 25(Suppl 1): 6-19, 2015.

25) Racinais S, Mohr M, Buchheit M, et al.: Individual responses to short-term heat acclimatisation as predictors of football performance in a hot, dry environment. *Br J Sports Med*, 46(11): 810-815, 2012.

26) Racinais S, Périard J: Benefits of heat re-acclimation in the lead-up to the Tokyo Olympics, *Br J Sports Med*, 54: 945-948, 2020.

27) Sawka MN, Pandolf KB: Effect of body water loss on physiological function and exercise performance. In: Gisolfi CV, Lamb DR, eds, *Perspectives in Exercise Science and Sports Medicine, Vol.3*, Benchmark Press, Indianapolis, pp.1-38, 1990.

28) Sunderland C, Morris JG, Nevill ME: A heat acclimation protocol for team sports. *Br J Sports Med*, 42(5): 327-333, 2008.

29) Weller AS, Linnane DM, Jonkman AG: Quantification of the decay and re-induction of heat acclimation in dry-heat following 12 and 26 days without exposure to heat stress. *Eur J Appl Physiol*, 102: 57-66, 2007.

30) 安松幹展, 早川直樹:サッカーに必要な体力・コンディショニングの評価法. In:日本サッカー協会スポーツ医学委員会 編, コーチとプレーヤーのためのサッカー医学テキスト, 第2版, 金原出版, 東京, pp.31-44, 2019.

（安松　幹展）

Chapter 9

身体冷却

はじめに

運動時の体温上昇はスポーツの成績に大きく影響する。暑熱下のスポーツ活動時に，適切な**身体冷却**を行い運動による体温上昇を抑えることで，高体温によって起こる持久性運動パフォーマンスや認知機能の低下を防ぐことができ，同時に熱中症の予防にもつながる。実際に身体冷却を実施するには，冷却方法，タイミング，冷却時間を考慮して行うとよい。これら3つの変数の組み合わせによって，得られる効果が異なる（**図1**）。

1. 身体冷却方法

身体冷却には，主に**外部冷却**と**内部冷却**の2つの方法がある。外部冷却は冷水浴/冷水浸漬/アイスバスやアイスパック，クーリングベスト，送風などを用いた冷却方法であり，皮膚温や深部体温を効果的に低下させることができる。中でも，冷水浴は冷却効率の高さや運動パフォーマンスの向上効果（エルゴジェニック効果）が十分に証明されており，身体冷却のゴールドスタンダードとなっている[1,3]。また，冷たい飲料の摂取により身体の内側から冷却する内部冷却がある（**図2**）。

冷却方法 × タイミング × 冷却時間

図1　身体冷却の効果
3つの変数の組み合わせによって得られる効果が異なる。

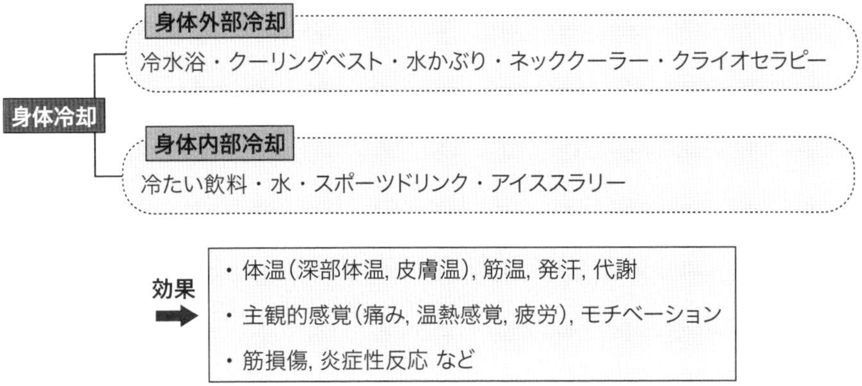

```
          ┌─ 身体外部冷却
          │    冷水浴・クーリングベスト・水かぶり・ネッククーラー・クライオセラピー
   身体冷却─┤
          │  ┌ 身体内部冷却
          └──┤   冷たい飲料・水・スポーツドリンク・アイススラリー
```

効果
➡
- 体温(深部体温, 皮膚温), 筋温, 発汗, 代謝
- 主観的感覚(痛み, 温熱感覚, 疲労), モチベーション
- 筋損傷, 炎症性反応 など

図2　身体冷却方法とその効果
身体外部冷却は冷水浴，アイスパック，クーリングベスト，送風のように外部から冷却し，皮膚温や深部体温を効果的に低下させる方法，身体内部冷却は冷たい飲料やアイススラリーの摂取により身体の内側から冷却する方法である。

1.1　身体外部冷却の効果とは

　バスタブなどを用いた**冷水浴**（水温 20 ～ 25℃，30 分程度の浸漬）は，運動前の深部体温を約 1℃低下させ，運動中の貯熱量を増大し，心拍数や発汗量を軽減することで持久性運動能力を向上させる（Chapter 6 図4 参照）。この外部冷却を用いた運動前に行う身体冷却（**プレクーリング**）は，高強度・短時間の運動よりも持久性運動（30 ～ 60 分）においてその有効性が高い。

　夏季オリンピックの暑さ対策のために開発された冷却材入りの**クーリングベスト**を安静時やウォーミングアップ時に着用すると，運動中の過度な体温上昇や脱水を防止し，心臓循環系への負担や熱快適性，暑さの度合いを示す温熱感覚が改善されることで，持久性運動やタイムトライアルにおけるパフォーマンスが向上する[1]。実際に，チームスポーツを模倣したハーフタイム中の短時間のクーリングベスト着用は，心拍数，皮膚温，温熱感覚を改善し，後半の間欠的運動能力を向上させた（**図3**）[2]。運動中の皮膚温の上昇は運動パフォーマンスを決定する重要な要因とされていることから，運動中の皮膚温の上昇を抑制するために身体を外部から冷却することは，暑熱下のパフォーマンス低下を防ぐ有効な手段となりうる（**図4**）[4]。また，体温や筋温には運動を適切に行うための至適温度があり（Chapter 1 図5 参照），冷水浴やアイスパックにより脚部などの活動筋

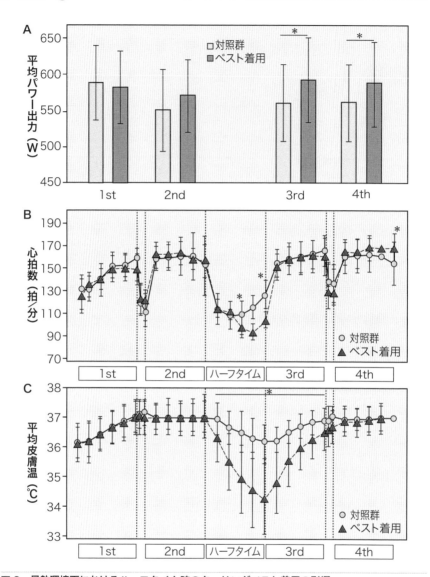

図3 暑熱環境下におけるハーフタイム時のクーリングベスト着用の影響

暑熱環境下（室温 33℃, 相対湿度 50%）でのハーフタイム時に, 頸部と上半身を冷却材を用いて冷却するクーリングベストを着用すると, 後半の間欠的運動能力（**A**）が向上する。ベスト着用により, 心拍数（**B**）と平均皮膚温（**C**）が有意に低下する。＊：条件間の比較（p < 0.05）
（文献 2 より改変）

（主動筋）を冷やしすぎないこと，冷却後は再びウォーミングアップを行うことなどにより，筋を適温状態に保つ必要がある。

　手掌/前腕冷却は，手のひらまたは手のひらから前腕までを冷水（10 〜 15℃）に10分程度浸し冷却する方法である。手，足，耳など身体のうちで最も露出した部分には，動脈と静脈を結ぶバイパスのような特殊な血管である**動静脈吻合**（arteriovenous anastomoses: AVA）がある[8]。AVA は直径が大きく，開大す

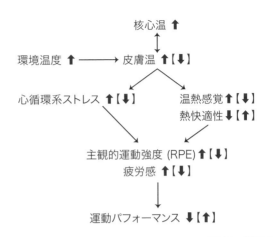

図4　環境温度の上昇による運動パフォーマンスの低下と冷却介入の影響

皮膚温や深部体温の上昇により，運動強度が調整され，運動パフォーマンスが低下する。身体外部から皮膚を冷却することで，主観的感覚や熱快適性が改善し，暑熱下における運動パフォーマンスの低下を防ぐことができる。　➡：冷却前の反応，【➡】：冷却後の反応。（文献4より改変）

ると多量の血液が流れる。冷たすぎず，血管が収縮しない温度（15℃前後）で手掌/前腕冷却を行うと，冷却された血液が深部に戻る（還流）ことで身体が冷却される（**図5**）。また，比較的短時間の冷却でも高い冷涼感を得ることができる。さらに，前腕は体幹部と比べて容積に対する表面積の比が大きく，熱を身体の外

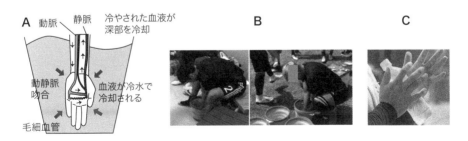

図5　手掌/前腕冷却のメカニズムと競技現場における実践例

冷水（10 〜 15℃）に手掌/前腕を浸すと，動静脈吻合（AVA）を利用して効率よく身体を冷却することができる（**A**）。（文献7より改変）

サッカー競技における手掌/前腕冷却（**B**），ペットボトルを利用した手のひら冷却（**C**）

へ逃がしやすい構造になっている。アイスパックや冷えたペットボトルを用いて手のひらを冷却することも可能だが，水を利用した方が冷却効果は高い。手先の器用さ（巧緻性）が必要とされる競技種目では，冷却により手の感覚が変化するため，実施する際は注意する必要がある。

冷却材入りのネッククーラーを用いた頸部冷却は，運動中の深部体温や心拍数に影響を与えるほどの冷却効果はないが，暑さ感覚や認知機能，持久性運動パフォーマンスを改善する。

以上のように，身体外部冷却の中でも，冷水浴は水以外に大掛かりな設備や電力が必要となる場合があることから，クーリングベスト，手掌/前腕冷却，頸部冷却は競技現場において比較的実用性の高い冷却方法と言える。

1.2 身体内部冷却の効果とは

身体外部からの冷却に対し，より簡便かつ実用的で水分も同時に補給できる方法として，運動前の冷たい飲料の摂取による身体内部冷却がある。近年はより積極的な身体内部からの冷却方法として，アイススラリー（−1℃）の摂取が注目

氷　　　　　　　　　アイススラリー

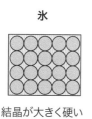 

結晶が大きく硬い　　　結晶が小さく流動性がある

図6　氷とアイススラリーの比較
アイススラリーは液体に微細な氷の粒が混ざったもので，氷の粒が液体に変わる時に体内の熱を吸収する。また，流動性のある氷飲料であるため，表面積を広げながら効率よく身体の熱を奪うことができる。スポーツドリンクでアイススラリーをつくると，身体冷却に加え，水分，塩分，栄養の補給を同時に行うことができる。

されている。これは液体に微細な氷の粒が混ざったもので，氷が水に変わる相変化の際に体内の熱を大きく吸収するだけでなく，液体の比熱に固体の比熱が加わるため，液体の水のみよりも効果的に身体を冷却できる（図6）。

　図7に示したように，運動前の安静時のアイススラリーの摂取は，直腸温を低下させ，暑熱環境下の運動継続時間を延長させる[10]。アイススラリーを用いたプレクーリングは，冷水浴を用いた時と比較しても同等の持久性および間欠的

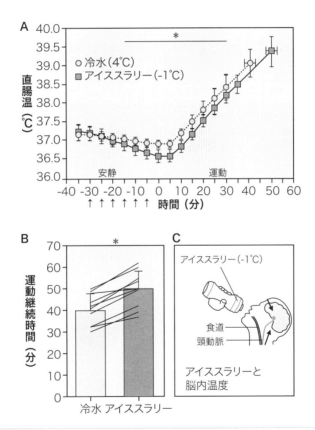

図7　アイススラリーの摂取が暑熱下での体温と持久性運動能力に及ぼす影響
運動前に冷水またはアイススラリーを体重1 kgあたり7.5 g摂取し，暑熱下（室温34℃，相対湿度55%）で中強度のランニング運動を疲労困憊に至るまで行った。アイススラリーの摂取によって直腸温が有意に低下し（**A**），運動できる幅が広がったためすべての被験者の持久性運動パフォーマンスが向上した(**B**)。↑：飲料摂取。＊：条件間の比較（p < 0.05）。アイススラリーの摂取により，前額部皮膚温の低下と同時に冷やされた血液が脳にも影響を及ぼし，脳温を低下させる（**C**）。
（文献10より改変）

A

B

①氷とスポーツ
　飲料を入れる

②ミキサーに
　かける

③魔法瓶に
　注いで保存

3
:
1

図8　アイススラリー
A：アイススラリー作製機器（グラニータマシーン）
B：市販のミキサーとスポーツ飲料を用いた作製方法。スポーツ飲料で作製した氷とスポーツ
飲料を混ぜる割合は，氷3：スポーツ飲料1～2程度で，スポーツ飲料の糖度によって割合を
調節する。作製したアイススラリーは魔法瓶で保存し，スポーツ現場へ持参し摂取するとよい。

表1　一般のスポーツ飲料で作製したアイススラリーと凍結アイススラリーの比較

100g あたり	一般のスポーツ飲料で作製した アイススラリー	凍結アイススラリー
エネルギー（kcal）	25	98
炭水化物（g）	6.2	26.8
温度（℃）	−1	−5

運動パフォーマンスの向上をもたらすことや，摂取によって冷却された血液が脳
にも影響を及ぼすため，脳の活性化や運動継続のためのモチベーションを改善す
る可能性もある。実際，アイススラリーの摂取は，中立温度の飲料と比較した場
合，ヒトの脳温を0.4℃程低下させる[9]。これらのことは，アイススラリーの摂
取が脳のプレクーリングによって，脳温の臨界（限界）レベルに到達するまでの
時間も延長できることを示唆している。

　アイススラリーの成分として，スポーツ（イオン）飲料を用いると，冷却効果
だけでなく糖–電解質の補給も行うことができるので，大変効率のよい方法とい
える。アイススラリーは主に専用の機器を用いて作製するが（**図8A**），市販の
ミキサーを用いてアイススラリーと同等の飲料を作製することもできる。その場
合は，スポーツ飲料を凍らせた氷とスポーツ飲料（基本3:1の割合）をミキサー
にかけ，魔法瓶で保存し，競技現場に持参して摂取するとよい（**図8B**）[11]。さ
らに，最近は従来のアイススラリーとは成分と温度の異なる凍結アイススラリー
も発売されている（**表1**）。これは常温で保存でき，冷凍庫で凍らせた製品を溶

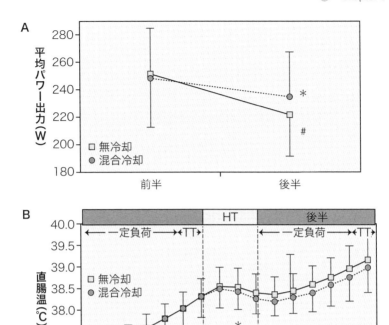

図9　暑熱環境下の運動間の休息時における身体混合冷却が体温とタイムトライアルパフォーマンスに及ぼす影響
暑熱環境下（室温 35℃, 相対湿度 50%）のハーフタイム（HT）時にアイススラリー（体重 1 kg あたり 5 g 摂取）とクーリングベスト着用による混合冷却を行うと, 後半の直腸温の上昇が抑制され（**B**）, 5 分間のタイムトライアルパフォーマンス（TT）が向上した（**A**）。＊：条件間の比較（$p < 0.05$）, ＃：前半との比較（$p < 0.05$）。（柳岡 他, 未発表データ）

かすだけで飲むことができるため, 実用性が高く簡便性に優れた飲料として注目されつつある。

　アイススラリーの摂取量については, 深部体温の大きな低下を引き起こすためには, 多くの量を飲む必要がある（例：体重 1 kg あたり 7.5 g 程度, 日本人成人男性の平均体重 65 kg で約 490 g に相当）。しかし, このような量を運動前や休息間に摂取すると, 胃腸の不快感や腹痛を生じる可能性がある。そのため, 外

部冷却などと組み合わせることによって，比較的少ない量（例：体重1 kgあたり5 g程度）でも同様の冷却効果が期待されている。実際に，暑熱環境下の運動間の休息時における身体混合冷却は深部体温の過度な上昇を抑え，運動パフォーマンスを向上させた（図9）。また，選手は競技会前の練習などで適切な摂取量とタイミングを検討し，自身の身体の変化を把握しておくことが必要である。

2. タイミング

　身体冷却のタイミングは，運動前（プレクーリング），運動中/運動間（ミッド/パークーリング），運動後（ポスト/リカバリークーリング）に大別できる（図10）。プレクーリングはあらかじめ運動前に体温を低下させておけば，運動中の貯熱量(体温の許容量)を大きくでき，運動時間を延ばそうとするものである。ミッド/パークーリングは，体温や筋温の過度な上昇を防ぎ，疲労感や暑さなどの主観的な感覚を和らげることができる。またポストクーリングは，上昇した体温や筋温による疲労の軽減，筋損傷や炎症反応を抑えることができる。いつまでも体

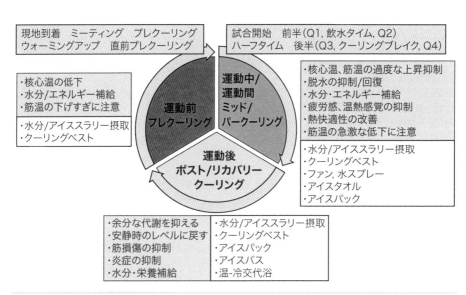

図10　暑熱環境下の競技現場における身体冷却のタイミング，目的，種類
Ｑ：クオーター

■**プレクーリングが必要な競技**
試合/レースが始まると競技を中断できない（例：自転車, 陸上トラック長距離, マラソン*, トライアスロン*など）

┌─ ウォーミングアップ

■**パークーリングが必要（可能）な競技**
試合/レース中にブレイク, タイムアウト, 攻守交代など, 定期的な休憩があり, 給水などが可能な競技（例：テニス、ビーチバレー, 野球, ソフトボールなど）

┌─ ウォーミングアップ

試合 試合 試合 試合 試合 試合 試合 試合 試合

休憩　休憩　休憩　休憩　休憩　休憩　休憩　休憩　休憩

■**プレクーリングとパークーリングが必要（可能）な競技**
試合/レース中に一定の休憩時間がある競技（例：サッカー, セーリング, 7人制ラグビー, ホッケーなど）

┌─ ウォーミングアップ　　　　　　　　　　　┌─ ハーフタイム／休憩

試合/レース（20分以上）　　　　試合/レース（20分以上）

■**ポスト/リカバリークーリングが必要な競技**
コンタクトスポーツ競技（ラグビー, アメリカンフットボール）, 筋損傷などのダメージの高い競技

試合　　　　　　　　　クールバス（10〜20分）

図 11　各競技種目における身体冷却
＊：マラソン, トライアスロンは限られた条件ではあるが給水, 冷却が可能。

温上昇が続くと余分なエネルギーを消耗してしまうため, 運動後に身体を冷却することで, リカバリー効率の向上につながる。それぞれの競技において, 競技特性, 冷却方法, 実施タイミングを考慮して身体冷却を実施する必要がある（**図 11**）。

3. 冷却時間

前述したように, 体温や筋温を適切な状態に保つために, 選択した冷却方法と

タイミングにより冷却時間を調整することが重要である。例えば, サッカーのハーフタイム時にアイスパックを用いて主動筋となる大腿部の筋温を過度に低下させると, その後の間欠的運動パフォーマンスに悪影響を及ぼす場合があるので, 冷却の温度や時間に気をつける必要がある[5]。

A

B

アイスバス

1. 冷水(10〜15℃), 全身または下半身, 10分程度
2. 立位姿勢、座位姿勢
＊練習後はできるだけ早く, 可能なら15分以内, 遅くとも1時間以内

C

血管拡張　　　　　　　　血管収縮

38〜42℃
温水　　　　　　15〜20℃
冷水

交代浴

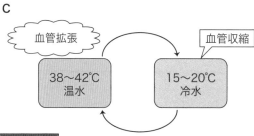

・スポーツ現場：温水と冷水の2つ浴槽がある場合
　1. 温水(38〜42℃), 3分程度, 全身浴
　2. 冷水(15〜20℃), 1〜2分
　3. 1と2を3セットほど繰り返す
　4. 冷水で終了：リカバリー効果, 温水で終了：リラクゼーション効果

・一般家庭：浴槽とシャワーで代用
　1. 温水(38〜42℃), 3分程度, 全身浴
　2. 冷たいシャワー(15〜20℃), 30秒, 手・足を中心にかける
　3. 1と2を3セットほど繰り返す
　4. 冷水で終了：リカバリー効果

図12　運動後のポスト/リカバリークーリング
集団（**A**）と個人（**B**）のアイスバスを用いた身体冷却, 入浴時間は温度により異なる。**C**：交代浴

4．運動後のリカバリーとしての身体冷却

　氷と水を入れたバスタブあるいは大きなバケツ（約 10 〜 15℃）に下肢や全身を浸して 10 分程度浸かる**アイスバス**という方法がある。これは激しいトレーニングや試合で生じた筋の微細な損傷へ対処し，上昇した筋温や体温をすばやく下げ，余分なエネルギー消費を抑えることが目的である。複数の人が同時に行えることも特徴で，ラグビーなどの身体接触がルール上認められているコンタクト（コリジョン）スポーツで広く用いられている（**図 12**）。また，様々な競技のアスリートがクーリングダウン後にアイスバスで下肢を冷却したり，1 日に複数の試合が行われる場合などは試合の間に実践したりしている。アイスバスを用いることで，翌日の脚部や全身の疲労感が軽減されるなど，選手の主観的感覚に影響を及ぼすことも特徴である。そのため，暑熱下での大会やトレーニングキャンプにおいて，コンディションの維持増進のために用いるとよい。

　アイスバスやシャワーを用いた冷水浴（15 〜 20℃）と温浴（38 〜 42℃）の**交代浴**を用いることによって，疲労回復に加え，リラクゼーション効果も期待できる[6]。目安として，冷水（1 〜 2 分）と温水（3 分程度）を 3 セット繰り返す。順序として，冷水で終了した場合はリカバリー効果，温水で終了した場合はリラクゼーション効果が期待できる。ただし，温浴と同様に交代浴は，ラグビーなどハードなコンタクトスポーツにおいては，運動によって受けた挫傷や炎症を広げてしまう可能性があるので，注意が必要な場合もある。

5．実際の試合や練習での身体冷却

　表 2 にスポーツ活動時における実践的な身体冷却方法とその特徴をまとめた。それぞれの冷却方法の目的や冷却効率を理解したうえで実施することが重要である。また，身体冷却は競技特性を考慮して実施すべきであり，スポーツ現場ではそれらの実用性や簡便性が重要になってくる。

　実際の暑熱環境下のスポーツ活動時には，身体内部（アイススラリーの摂取）と外部からの冷却（頸部冷却，クーリングベストの着用，手掌冷却）を組み合わせたり（コラム 1 図 1，図 3 参照），サッカー競技では，様々な冷却方法と実施

表 2　身体冷却方法とその特徴

冷却方法		冷却効率		実用性				簡便性	運動能力	備考
		核心	皮膚	運動前	運動中	休憩時	運動後			
外部冷却	アイスバス	◎	◎	○	—	△	◎	△	○	冷却直後のスプリント運動や筋発揮に負の影響がある
	アイスパック	△	◎	△	△	◎	◎	◎	△	冷却効率はアイスバスの1/10程度
	クーリングベスト	△	◎	○	◎	◎	◎	○	◎	運動中に着用できるが, 重量が気になる場合がある
	送風	△	○	△	—	◎	○	○	△	霧吹き・水噴射との組み合わせが可能。屋外でも使用可能
	頭部・頸部冷却	△	◎	◎	◎	◎	◎	◎	◎	運動中に使用できるが, 核心まで冷えないので熱中症に注意
	手掌/前腕冷却	△	○	◎	—	◎	○	○	○	温熱感覚に好影響。様々なスポーツ競技で実施可能
内部冷却	水分補給	○	△	◎	◎	◎	◎	◎	◎	脱水予防やエネルギー補給が可能
	アイススラリー	◎	△	◎	△	◎	◎	◎	◎	電解質・糖質補給も同時に行える

タイミングを組み合わせ, 深部体温をコントロールし, 高い運動パフォーマンスを発揮できるよう工夫している（**図 13**）。実践的な暑さ対策は, 熱中症予防に必要なだけでなく, 夏季におけるトレーニング効率を向上させ, 運動パフォーマンスの向上につながる。

文　献

1) Bongers CC, Hopman MT, Eijsvogels TM : Cooling interventions for athletes: an overview of effectiveness, physiological mechanisms, and practical considerations. *Temperature,* 4: 60-78, 2017.

2) Chaen Y, Onitsuka S, Hasegawa H: Wearing a cooling vest during half-time improves intermittent exercise in the heat. *Front Physiol*, 10: 711, 2019. doi: 10.3389/fphys.2019.00711

3) Choo HC, Nosaka K, Piffer JJ, et al.: Ergogenic effects of precooling with cold water immersion and ice ingestion: a meta-analysis. *Eur J Sport Sci*, 18(2): 170-181, 2017.

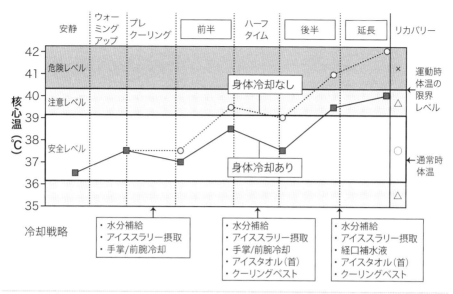

図13　スポーツ活動時における身体冷却の効果
競技中に身体冷却を行うことが難しいサッカーなどの競技では，競技前やハーフタイムなどの休息中に積極的に冷却戦略を取り入れることにより，運動中の深部体温の過度な上昇を抑制し，体温を安全な範囲内でコントロールでき，運動パフォーマンスの向上や熱中症予防につながる。

4) Flouris AD, Schlader ZJ: Human behavioral thermoregulation during exercise in the heat. *Scand J Med Sci Sports*, 25(S1): 52-64, 2015.

5) 長谷川博，中村　励，茶園雄大 他：暑熱環境下でのハーフタイム時における脚部冷却温度の違いが間欠的運動パフォーマンスに及ぼす影響．体力科学，69: 307-316, 2020.

6) 長谷川博，山本利春 監訳：リカバリーの科学−スポーツパフォーマンス向上のための最新情報，ナップ，東京，2014.

7) 平田耕造：運動と体温．In: 宮村実晴 編，最新運動生理学−身体パフォーマンスの科学的基礎．真興交易医書出版部，東京，p.253, 1996.

8) 御手洗玄洋 総監訳：ガイトン生理学，第11版，エルゼビアジャパン，東京，2011.

9) Onitsuka S, Nakamura D, Onishi T, et al.: Ice slurry ingestion reduces human brain temperature measured by noninvasive method of magnetic resonance spectroscopy. *Sci Rep*, 8: 2757, 2018. doi: 10.1038/s41598-018-21086-6

10) Siegel R, Maté J, Brearley MB, et al.: Ice slurry ingestion increases core temperature capacity and running time in the heat. *Med Sci Sports Exerc*, 42(4): 717-725, 2010.

11) 髙橋英幸，長谷川博，安松幹展 監：競技者のための暑熱対策ガイドブック【実践編】．日本スポーツ振興センターハイパフォーマンススポーツセンター国立スポーツ科学センター，東京，2020.

（長谷川　博）

Chapter **10**

女性の暑さ対策

はじめに

　約半世紀前まで，女性は身体的に弱いものであるとの考えから，マラソンな
どの負荷の高い競技に参加することが認められていなかった。現在では**女性ア
スリート**の活躍は注目の的となり，スポーツ医・科学的サポートや社会的支援体制
などにおいても，彼女たちを取り巻く環境はとりわけ大きく変化してきている。
女性アスリートのコンディショニングにおいては，月経現象（周期）を考慮する
必要があり，月経周期の時期による心身のコンディションやアスレティックパ
フォーマンスの変化などについて，研究が積み重ねられてきた。それとともに，
互いに関連する３つの要素（エネルギー不足，無月経，骨粗鬆症）からなる**女
性アスリートの三主徴**（female athlete triad）（**図１**）のような健康問題につ
いても関心が高まっている。アスリート自身，あるいは指導者，ドクターなどそ

慢性的なエネルギー不足

月経周期異常, 無月経　　　　　　骨量低下, 骨粗鬆症,
　　　　　　　　　　　　　　　　疲労骨折

図１　女性アスリートの三主徴
消費エネルギーに対して摂取エネルギーが不足した状態が続くと，月経周期異常や無月経のリ
スクが高まる。さらに，エネルギー不足や無月経によるエストロゲンの低下は骨量の低下に関
与し，疲労骨折のリスクを高める。女性アスリートのコンディショニングにおいては，栄養，
月経周期，心身の状態などを総合的に評価する必要がある。（文献 13 より引用）

れぞれの立場の人が女性アスリートに関するリテラシーを高めることが望まれており，スポーツ競技における暑さ対策を考える際にも，女性の身体特性について理解しておく必要があるのは言うまでもない。しかし，この分野に関してはまだ情報が少なく，男性アスリートで明らかとなっていることを女性にも適用するやり方が主流であると言わざるをえない。ここでは，女性アスリートの暑さ対策を考えるうえで知っておくべき女性の身体特性について整理してみたい。

1.　体温調節機能には性差がある

　性ホルモンは体温を調節する様々なメカニズムに影響すると考えられ，思春期以降，体つきの変化とともに体温調節機能にも性差が現れる。体温が上昇すると汗をかき，その汗が蒸発することにより熱が放散されるが，一般に，女性は男性に比べ汗をかき始める体温（発汗閾値）が高く，同じ体温での発汗量が明らかに少ないなど，発汗能力が低いとされている[1,15]（**図2**）。このことは基本的な生理機能の性差とも考えられるが，一方で，体格および体力の差や，社会的背景の影響が大きいとの指摘もある。熱放散反応は体力レベルが高いほど優れるが，女性は一般に男性に比べて体格が小さく，体力レベルが低く，熱産生量および熱放散

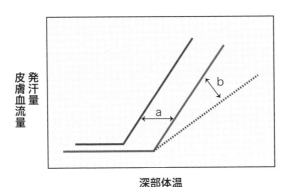

図2　発汗量と皮膚血流量の男女差のイメージ
男性に対して女性は，また，卵胞期に対して黄体期は，皮膚血流量の増加や発汗開始が遅く，グラフは右にシフトする（a）。体力レベルが高いほど熱放散反応が優れ，グラフの傾きが大きくなる（b）。（文献1より引用）

能力が低い。さらに女性は汗をかくことを好まず，活動量が少ないこと，男性よりも風通しの良い服を着る傾向があり，日常的に汗をかく機会が少ないことなどが影響している可能性がある。

熱放散のためのもう１つの働きとして，皮膚血流量の増加により皮膚表面から熱を逃がす機能がある。エストロゲンの中で最も強い生理活性を持つエストラジオールは，女性の血管の機能に密接にかかわっており，性成熟期の健康な女性では，末梢血管の優れた血管拡張能力があることが知られている。女性は熱放散において，発汗よりもこの皮膚血管拡張に依存しているのが特徴である[5,11]。そのため，皮膚表面からの熱放散が行われにくくなるような厳しい暑さの下では，男性に比べ女性の方が不利になるのではないかとも考えられる。さらに，湿度が高く汗が蒸発せずに滴り落ちるような環境は，女性にとってより厳しい条件となることは言うまでもない。しかし，実際には，スポーツ現場における熱中症の発症率が女性の方が高いとか，暑熱環境では女性の方がパフォーマンスの低下が著しいというような明確な根拠はない。

2. トレーニングにより体温調節機能の性差は最小限となる

これまで女性は体温調節機能や暑熱環境への適応能力が低いと考えられてきたが，これは一般的に，女性と男性では体格や体力に差があることが一因となっている。一方，最近の研究では，体温を調節し暑さに順応する全体的な能力に大きな男女差はないとされている[1,14]。体温調節機能はトレーニングによって向上することが明らかとされており，運動習慣のある人や体力レベルの高い人の方が優れる。女性においても男性同様，トレーニングにより発汗と皮膚血管拡張の閾値の低下が認められることから[7]，トレーニングを積んだ体力レベルの高い女性アスリートにおいては，個人差はあるものの，暑さに対する耐性は一般女性よりも高く，男性との差は小さいと考えてよいだろう（図２）。

3．月経周期があるということ

　女性の特徴として特に考慮しなければならないのは，月経周期があるということである。初経から閉経までの間，視床下部−下垂体−卵巣−子宮−膣などに約1ヵ月の間隔で機能的な変動が認められる。これらは，各器官から分泌されるホルモンにより密接に調節されている（**図3**）。自身の体内で起こっているそれらのホルモン分泌の変化をリアルに体感することはできないが，月経による子宮からの出血（生理），痛みやむくみのような身体症状，イライラや集中力の低下といった気分の変化，そして基礎体温の変化などから知ることができる。われわれ

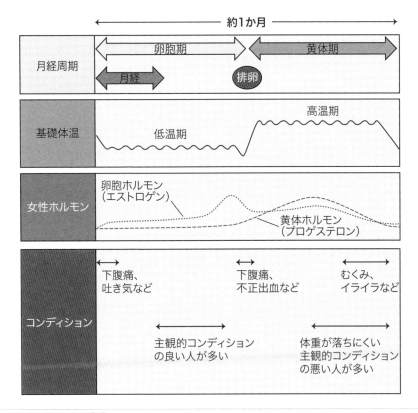

図3　月経周期による変動
約1ヵ月の月経周期は女性ホルモンの作用により起こる。基礎体温は低温期と高温期の2相を示し，月経周期に伴った身体症状や精神症状の出現と関連して主観的なコンディションが変化する。

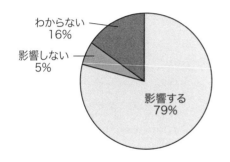

図4　月経周期とコンディションについての回答
月経はコンディションやパフォーマンスに影響するかという質問に対し，79％の女性アスリートは「影響する」と回答している。(文献6より引用)

の調査[6]では，少なくとも4人に3人の女性アスリートが「月経周期はコンディションやパフォーマンスに影響する」と考えており（**図4**），特に身体症状や精神症状の現れる生理中（月経期）や生理前の時期（黄体期）はコンディションが良くないと感じるアスリートは多い。この，ただでさえ不調を感じがちな時期に，暑さというストレスが加わることの影響は，やはり無視できないものである。

4. 黄体期は基礎体温が上昇する

　基礎体温は，朝目が覚めた時に体を起こさずそのまま静かに測った体温のことであり，毎日測って記録しておくと，自分の月経周期の時期やその状態を知る手がかりとして有用である。女性の基礎体温は月経周期の前半（卵胞期）は体温が低く（低温期），排卵後（黄体期）は黄体から分泌されるプロゲステロンの作用により体温が上昇する（高温期）。その平均温度差は $0.3 \sim 0.5$℃程度である[10]。その他の安静時の生理指標について，月経周期の時期による変化をみてみると，心拍数，酸素摂取量（$\dot{V}O_2$），血中乳酸濃度，呼吸交換比（RER）などは変わらないとするものが多いが，換気量（$\dot{V}_E$）は黄体期に上昇するという報告があり，これもプロゲステロンの中枢への作用や体温上昇による影響と考えられている[12]。このようにそもそも体温が高く，換気量が増している状態に，暑さという条件が加わることがどのように影響するのだろうか。

　プロゲステロンは体温調節中枢に働きかけて体温のセットポイントを上げるため，黄体期には同じ体温では熱放散量は低下する[4]（**図5**）。しかし，女性の通常環境での運動中の心肺機能については，大半が月経周期による変化はないとしている。中には換気量や心拍数の増加および主観的運動強度（RPE）の上昇を報告しているものもあるが，疲労困憊に至るまでの運動時間や運動負荷で評価する

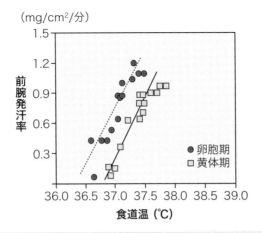

（mg/cm²/分）

前腕発汗率

● 卵胞期
□ 黄体期

食道温（℃）

図5　月経周期による発汗率の変化
食道温の変化に対する卵胞期と黄体期の前腕発汗率。黄体期はグラフが右へシフトする。
（文献 18 より引用）

ならば，ほとんどの研究は月経周期の影響を否定している[2,17]。

　一方，暑熱環境で同様の検討をしたものをみると，黄体期の安静時深部体温の上昇は運動中も維持され（**図6上段**），さらに卵胞期に比べ早く疲労困憊に至ったほか，最大下運動時の心拍数や換気量，主観的運動強度が高くなるなど，持久性パフォーマンスが低下することが報告されている[5,20]（**図7**）。一方，パフォーマンスに影響はなかったという報告も複数あり[3,9]，結果は一様ではない。しかし，持久性パフォーマンスに影響する可能性が否定できないいくつかのパラメーターで月経周期の影響が報告されていることから，黄体期の暑熱環境での運動は，通常環境に比べ身体的，心理的負荷が高くなり，疲労も残りやすくなる可能性がある。暑熱環境では，卵胞期と黄体期の深部体温の差がより大きくなったことから，黄体期の基礎体温の上昇が大きい人ほど月経周期の影響を受けやすくなる可能性もあり，注意が必要だろう。Garcia ら[3]は，高温多湿環境（32℃，80％）での長時間の自転車運動の結果，黄体期における発汗率の上昇と運動後の尿量の減少を認め，黄体期は特に発汗量に見合った適切な水分補給が重要であると述べている。このように，女性アスリートのコンディショニングにおいては，月経周期を把握し，それに対してどうアプローチするかを考える必要がある。

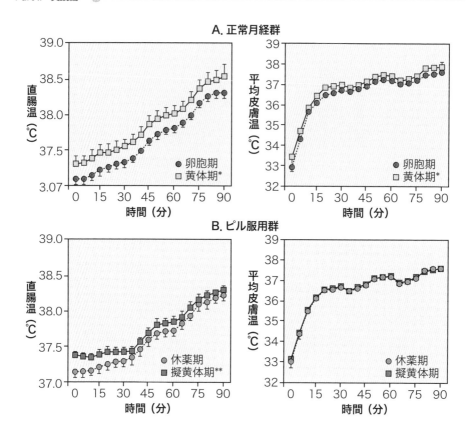

図6　暑熱環境下における運動中の直腸温と皮膚温の変化
黄体期に上昇した安静時の体温は，運動中も高いまま維持された。＊：卵胞期との間に有意差あり，
＊＊：休薬期との間に有意差あり。（文献20より引用）

5. コンディショニングを目的とした低用量ピルの 使用が増えている

　月経周期を考慮したコンディショニングの手段の1つとして，低用量ピル（oral
contraceptives：OC，low dose estrogen progestin：LEP）の使用が増えており，
欧米のトップアスリートの83％が使用しているという報告もある[16]。日本での
使用率は2012年にはトップアスリートの2％であったが，2016年のリオ五輪

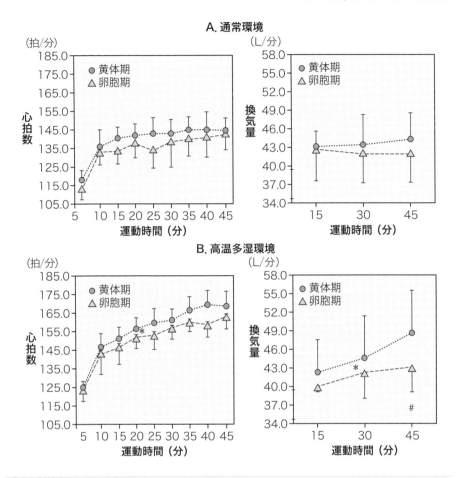

図7　通常環境と高温多湿環境における運動時の心拍数と換気量

高温多湿環境（32℃，60％）で自転車エルゴメーターの漸増負荷試験を行った結果，卵胞期前期に比べ黄体期中期の運動時心拍数および毎分換気量が明らかに高かった。さらに，黄体期中期には，より早く疲労困憊に至ったほか，主観的運動強度が高くなった。＊：月経周期（卵胞期 vs. 黄体期）の主効果あり，＃：特定の時点において卵胞期と黄体期に有意差あり。（文献5より引用）

出場選手では 27.4％ [21] と急増していることから，ピルの使用目的や使用することによる影響について十分理解しておく必要がある。

　ピルはエストロゲンとプロゲスチンを含む薬剤であり，服用すると「十分にホルモンがあるのでこれ以上分泌しなくてよい」と脳にフィードバックされ，本来

分泌されるはずの内因性のエストロゲンやプロゲステロンの分泌が低下する。それによって排卵を抑制するとともに子宮内膜が厚くなるのを抑えることから，避妊や，月経困難症（ひどい生理痛），月経前症候群（生理前の身体・精神症状）などの治療，さらにアスリートでは試合日程に合わせて月経を移動させるなど月経周期調節を目的として用いられている。

　低用量ピルを服用するということは，**図8**に示すように女性本来の周期的なホルモン分泌の変動がなくなるということである。しかし，黄体期にプロゲステロンの作用により基礎体温が上昇するという，この強力な本来の周期的変動は，ピル服用により弱まりはするものの依然残るようである。低用量ピル服用後半の擬黄体期には深部体温が$0.1 \sim 0.2$℃程度上昇し[9,20]，少なくとも運動開

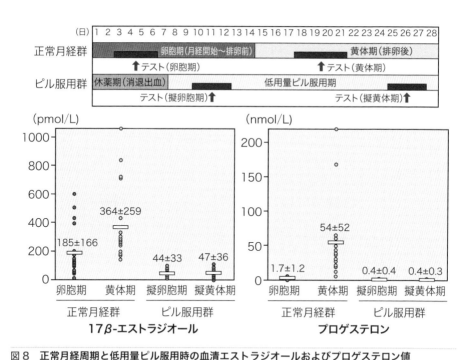

図8　正常月経周期と低用量ピル服用時の血清エストラジオールおよびプロゲステロン値
自転車競技とトライアスロンの選手で，正常月経周期の者と一相性の低用量ピルを1年以上服用している者の血清ホルモン濃度を示す。正常月経群の卵胞期は月経開始3～6日，黄体期は18～21日，ピル服用群の擬卵胞期はピル服用開始3～5日，擬黄体期は18～20日にホルモン値の測定および運動テストを実施した。ピル服用群ではプロゲステロン，エストラジオールともに一定の値で推移し，正常月経群の値よりも低値を示す。（文献8より一部改変）

始後しばらくの間は維持される。では，ピル使用者が暑熱環境で運動を行うとどうなるか。その前に，そもそも低用量ピルを服用することによりパフォーマンスに影響があるのかどうかを知る必要がある。これまでの報告では，主に筋力や無酸素パワーがかかわる瞬発系パフォーマンスについては，低用量ピル服用の影響はほとんどないと考えてよさそうである[21]。一方，持久系パフォーマンスについては一致した見解は得られていない。いくつかの研究では，低用量ピル服用群の最大酸素摂取量が低下したという報告もあるが[19]，比較的最近の研究では，低用量ピルを服用しても持久系パフォーマンスは変化しないという報告が増えている[16, 21]。

　さて，本稿のテーマである暑熱環境での低用量ピル使用者のパフォーマンスについて検討した報告をみると，Tenaglia ら[20]は，室温 40℃，湿度 30％で 15 分のトレッドミル走行（4 km／時）と 15 分の休息を疲労困憊まで繰り返したところ，正常月経群とピル服用群，またピル服用群の休薬期と服用期の比較において，いずれも走行距離に差は認められなかったとしている。また**図 8，図 9** に示す Lei ら[8]の研究では，WBGT 27℃に調整された高温乾燥（34 ± 0.2℃，42 ± 3％）および高温多湿（29 ± 0.3℃，83 ± 2％）の室内で 6 分，6 分，30 分の自転車運動（125W，150W，セルフペース）を行って総仕事量を比較したところ，いずれの条件でも正常月経群とピル服用群，ピル服用群の擬卵胞期と擬黄体期の間に差はなかった。しかし，正常月経群に比べ，ピル服用群では発汗閾値の上昇や温度感受性の低下が認められ，そのメカニズムは不明であるものの，中枢による体温調節機能にピル服用が影響を及ぼす可能性があることを示唆している。

　低用量ピルの種類や服用方法は年々変化し，多種多様になっている。低用量ピル服用と運動について調べた研究もその手法は一様ではない。また，日本ではそもそもピル使用者が極めて少なかったことから，日本人を対象とした研究は非常に限られており，結果の解釈には慎重になる必要があるだろう。低用量ピルの使用は，女性アスリートの月経周期によるコンディション変動を最小限にし，予期せぬ不調や不安を軽減できる可能性があるが，服用することができない人や合わない人もおり，服用すればパフォーマンスが高まるとういう類のものではないということは十分理解しておく必要がある。

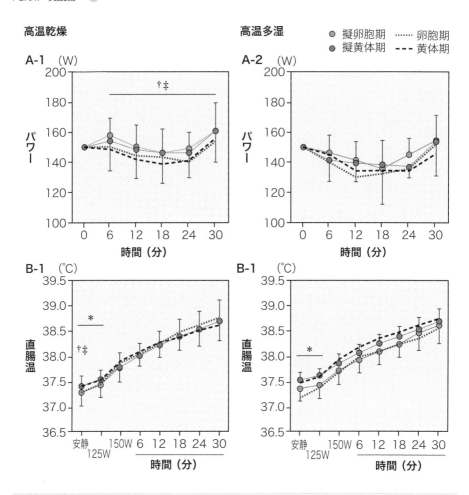

図9　低用量ピル服用が暑熱環境での自転車運動時の応答に及ぼす影響
A：30分の自転車運動（セルフペース）において，低用量ピル服用による発揮パワーへの影響は認められなかった。
B：安静時の直腸温は擬卵胞期に比べ擬黄体期が0.15±0.21℃高く，運動開始後しばらくするとその差は消失した。
C：固定強度（125 W，150 W）運動中，擬卵胞期に比べ擬黄体期の発汗率が低下した。また，正常月経群と比べピル服用群では，30分のセルフペース運動中における発汗率が有意に低く，発汗閾値の上昇，温度感受性の低下も明らかであった。
D：安静時の前腕血流量は擬卵胞期に比べ擬黄体期に高かった。運動開始後，その差は消失した。正常月経群と比べピル服用群では，安静時および固定強度（125 W，150 W）運動中における前腕血流量は有意に低かった。

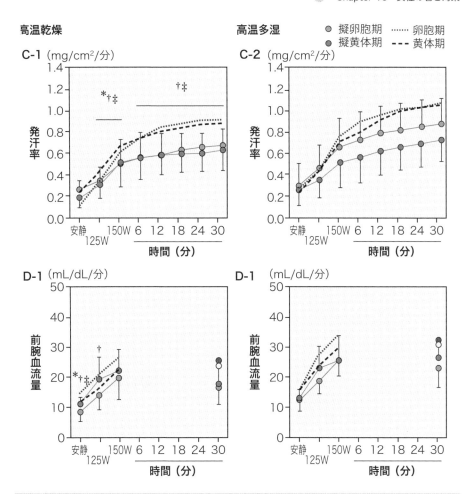

図9　（つづき）
高温乾燥：WBGT27℃，温度 34±0.2℃，湿度 42±3%，高温多湿：WBGT27℃，温度 29±0.3℃，湿度 83±2%。 ＊：擬卵胞期と擬黄体期に有意差あり，†：擬卵胞期の比較では高温乾燥と高温多湿との間に有意差あり，‡：擬黄体期の比較では高温乾燥と高温多湿との間に有意差あり。
（文献 8 より引用）

まとめ

体温調節の性差や月経周期という観点からこれまでの研究を概観したが，それぞれのメカニズムはわかっていないことが多く，さらにそれらを掛け合わせたものとなると非常に複雑である。それを踏まえたうえで，女性アスリートの暑さ対策について選手や指導者が知っておくべきことについて改めて整理した（図10）。

暑さに対する体温調節機能の性差に関しては，最近では男女の体格や体力の差を考慮すれば，ほとんどないと言われている。しかし，あくまでそれは生理学的

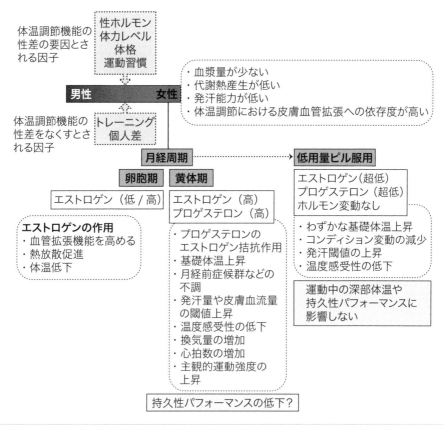

図10 女性アスリートの暑さ対策で考慮したいこと
暑熱環境での運動にかかわる体温調節機能やコンディションには，性差や月経周期が影響する可能性がある。しかし，それらは絶対的なものではなく，個人差や運動・環境条件の違いも大きい。

な能力についてであり，現実には体格差や体力差が存在するのは事実である。ま
た，女性に限っても体格や体力の個人差は大きい。すなわち女性だから，男性だ
からという視点は抜きにして，暑さに慣れていない選手や体力の低い選手はより
注意深く活動を行うべきである。次に，月経周期による女性ホルモンの変動は体
温調節機能に影響を及ぼし，月経周期が正常であれば黄体期に基礎体温が上昇す
る。しかし，暑熱環境での運動時，いくつかのパラメーターに月経周期の時期に
よる差を認めたとしても，パフォーマンスに差があるとする報告は多くない。と
はいえ，月経期や黄体期に周期的な症状を自覚し，コンディションの不調を感じ
ている女性アスリートは少なくない。その中で，暑さというストレスが加わるこ
とが競技に対する不安を高める要因となることは言うまでもない。そうであるな
らば，男性同様の暑さ対策に加え，低用量ピルなどを使用して月経周期にアプロー
チすることや，月経期や黄体期の症状を少しでも和らげるべくセルフケアを行う
こと，気象条件とコンディションを鑑みてトレーニングを調整することは，女性
アスリートの競技現場では当然の流れである。

文　　献

1) Charkoudian N, Stachenfeld NS: Reproductive hormone influences on thermoregulation in women. *Compr Physiol*, 4(2): 793-804, 2014.
2) Constantini NW, Dubnov G, Lebrun CM: The menstrual cycle and sport performance. *Clin Sports Med*, 24(2): xiii-xiv, 2005.
3) Garcia AM, Lacerda MG, Fonseca IA, et al.: Luteal phase of the menstrual cycle increases sweating rate during exercise. *Braz J Med Biol Res*, 39(9): 1255-1261, 2006.
4) 井上芳光，近藤徳彦 編：体温―体温調節システムとその適応―，ナップ，東京，pp.238-248，2010.
5) Janse DE Jonge XA, Thompson MW, Chuter VH, et al.: Exercise performance over the menstrual cycle in temperate and hot, humid conditions. *Med Sci Sports Exerc*, 44(11): 2190-2198, 2012.
6) 女性アスリートリテラシープロジェクト（FAL プロジェクト）：女性アスリートコンディショニングプログラム（平成 27 年度スポーツ庁委託事業・女性アスリートの育成・支援プロジェクト「女性スポーツにおけるトランスレーショナルリサーチの実践プログラム」事業報告書），専修大学スポーツ研究所 女性アスリートリテラシープロジェクト，神奈川，2015.
7) Kuwahara T, Inoue Y, Abe M, et al.: Effects of menstrual cycle and physical training on heat loss responses during dynamic exercise at moderate intensity in a temperate environment. *Am J Physiol Regul Integr Comp Physiol*, 288(5): R1347-R1353, 2005.

8) Lei TH, Cotter JD, Schlader ZJ, et al.: On exercise thermoregulation in females: interaction of endogenous and exogenous ovarian hormones. *J Physiol*, 597: 71-88, 2019.

9) Lei TH, Stannard SR, Perry BG, et al.: Influence of menstrual phase and arid vs. humid heat stress on autonomic and behavioural thermoregulation during exercise in trained but unacclimated women. *J Physiol*, 595(9): 2823-2837, 2017.

10) 目崎　登：女性スポーツの医学，文光堂，東京，pp.21-42, 1997.

11) 永島　計：40℃超えの日本列島でヒトは生きていけるのか―体温の科学から学ぶ猛暑のサバイバル術，化学同人，京都，pp.159-178, 2019.

12) 中村有紀：月経周期とアスレティックパフォーマンス．臨床スポーツ医学，30: 127-131, 2013.

13) Nattiv A, Loucks AB, Manore MM et al.: American College of Sports Medicine position stand. The female athlete triad. *Med Sci Sports Exerc*, 39(10): 1867-1882, 2007.

14) Notley SR, Lamarche DT, Meade RD, et al.: Revisiting the influence of individual factors on heat exchange during exercise in dry heat using direct calorimetry. *Exp Physiol*, 104(7): 1038-1050, 2019.

15) 小川徳雄：汗の常識・非常識―汗をかいても痩せられない！，講談社，東京，pp.116-128, 1998.

16) Rechichi C, Dawson B, Goodman C: Oral contraceptive phase has no effect on endurance test. *Int J Sports Med*, 29: 277-281, 2008.

17) Smekal G, Von Duvillard SP, Frigo P, et al.: Menstrual cycle: no effect on exercise cardiorespiratory variables or blood lactate concentration. *Med Sci Sports Exerc*, 39(7): 1098-1106, 2007.

18) Stephenson LA, Kolka MA: Menstrual cycle phase and time of day alter reference signal controlling arm blood flow and sweating. *Am J Physiol*, 249(2): R186-R191, 1985.

19) Suh SH, Casazza GA, Horning MA, et al.: Effects of oral contraceptives on glucose flux and substrate oxidation rates during rest and exercise. *J Appl Physiol*, 94: 285-294, 2003.

20) Tenaglia SA, McLellan TM, Klentrou PP: Influence of menstrual cycle and oral contraceptives on tolerance to uncompensable heat stress. *Eur J Appl Physiol Occup Physiol*, 80(2): 76-83, 1999.

21) 東京大学医学部付属病院女性診療科・産科：Health Management for Female Athletes Ver.3―女性アスリートのための月経対策ハンドブック―（スポーツ庁委託事業　女性アスリートの育成・支援プロジェクト「女性アスリートの戦略的強化に向けた調査研究」），2018.

（中村　有紀）

Chapter 11

子どもの暑さ対策

はじめに

　身長や体重が大人と子どもで異なるように，体温調節機能も成長度合によって異なる。例えば，暑熱環境下での運動中の発汗量は，低強度であれば年齢による差異は認められないが，中強度および高強度になると，13歳を境にして増加する（**図1**）[2]。

　また，子どもは運動前からすでに脱水状態である割合も高い[3,5]。10〜15歳の子どもを対象とした運動前の脱水状態に関する調査では，全体の70％以上の子どもが脱水状態であった（**図2**）[5]。他の調査でも，練習前に全体の90％の子どもが脱水状態であったことから[3]，スポーツ活動時における子どもの暑さ対策の実践には，大人が積極的に介入しなければならない必要性が伺える。本稿では，子どもの形態的特徴と運動時の熱放散反応，および暑さ対策に関する知見を紹介

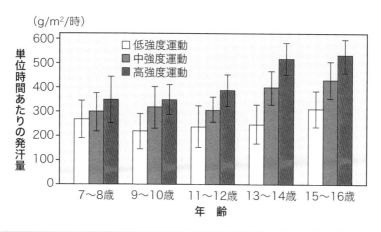

図1　各年齢における発汗量の違い（運動強度別）
中強度と高強度の運動では，13歳以降に発汗量が増加する傾向がみられる。（文献2より引用）

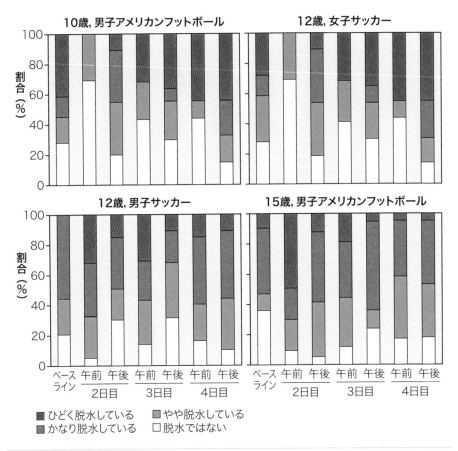

図2　夏季キャンプ期間中における練習前の脱水レベル
練習前に「脱水ではない」と判断された子どもが少ないことがわかる。(文献5より一部改変)

し，最後に暑熱環境下でのスポーツ活動時の留意点を挙げる。

1.　子どもの形態的特徴と熱放散反応

1.1　形態的特徴

　子どもは大人と比べて，体重あたりの体表面積が大きく，外気の影響を受けやすい形態的な構造である[1, 6]。例えば，身長 175 cm，体重 70 kg の大人の体表

面積は 1.85 m² であるが，身長 130 cm，体重 35 kg の子どもの体表面積は 1.11 m² である。これを体重 1 kg あたりの表面積に換算すると，264 cm² と 317 cm² となり，20%ほど子どもの方が高い値となる。このことから子どもは，気温が体温より高くなる環境下では，体温が過度に上昇するリスクがより高くなる[6]。

1.2 熱放散反応

運動時には体内で産生された熱を体外に逃がすことで，過度な体温上昇を防いでいる。汗をかけるような状況であれば，汗の蒸発が最も有効な熱放散の手段となるが，実際は汗による熱放散だけでなく，皮膚の表面からも身体の外に熱を逃がしている。子どもは大人より汗をかく能力が 40%程度低いと言われ[11]，その代わりに，頭部や体幹部などの皮膚血流量を増加させ，身体の外に熱を逃がす。子どもが顔を赤くして運動を行っている時は，熱ストレスの増加に対して皮膚血流量を増加させ，熱放散を盛んに行っているサインである（**図 3**）。この熱放散機能に対する依存度は，思春期を境とした発汗量の増加に伴って低下する[2, 8]。発汗の他に熱放散に影響を与える要因には，体組成や循環系の要因がある[12]。子どもは形態的に熱しやすく冷めやすい特徴があることを理解し，環境温が高くなる状況では外気の熱が体内に流入するため，深部体温が過度に上昇するリスク

皮膚血流量
増加

図 3 子どもの熱放散特性
子どもは皮膚血流量を増加させて熱放散を行う（皮膚が赤みを帯びる）。子どもが顔を赤くして運動している時は，熱ストレスが増加しているサインである。(文献 8 より一部改変)

が高まることを認識しておくことが，スポーツ活動時における子どもの暑さ対策を考える第1歩となる。

2. 実践的な暑さ対策

　暑熱環境下におけるスポーツ活動中の実践的な暑さ対策には，水分補給，暑熱順化，身体冷却などが挙げられる。ここではそれぞれの対策について子どもの特徴を踏まえて述べる。

2.1　水分補給

2.1.1　水分補給の方法

　大人か子どもかにかかわらず，水分補給は暑熱対策の有効かつ重要な手段の1つである。水分補給を適切に行うことによって，過度の脱水や熱中症の発症リスクを軽減することができる。水分補給の方法は大きく3種類あり，あらかじめ決められた量の水分を補給する**計画的水分補給**，飲みたい時に自由に飲む**自由水分補給**，のどの渇きに応じた**水分補給**である（Chapter 7 参照）。子どものスポーツ活動の現場では，指導者が適宜休憩時間を設け，その間に自由に水分補給を行う方法が最も一般的かもしれない。しかし子どもは，暑熱環境下で同じ運動を行った際の脱水量が，自由水分補給では計画的水分補給の2倍以上となる（**図4**）[4]，安静時と比較して運動中はのどの渇きが弱まる[9]，大人と同等の脱水率でも深部体温の上昇が大きくなる（**図5**）[4] などの理由から，計画的水分補給を取り入れた方がよい。

　計画的水分補給を行う際には，飲料の成分を子どもの嗜好に合ったものとすることや，水分補給の機会を小まめに設定するなどの工夫も必要である。スポーツドリンクなど電解質や糖質を含む飲料の方が，水のみの摂取より補給量が多くなり[14]，脱水量の増加を防ぐことができる[15]。体水分量を適切に維持することはパフォーマンス発揮においても[16]，深部体温の過度な上昇を防ぐ意味においても[4]，大変重要なポイントとなるため，子どもが適切に水分補給を行える環境を整える必要がある。

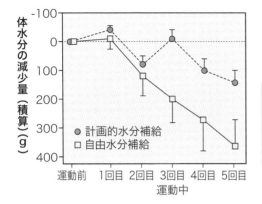

	自由 水分補給	計画的 水分補給
水分補給量（g)*	237 ± 90	330 ± 63
正味の 体重減少量（g)*	120 ± 64	54 ± 27

＊：1時間あたりの量で表示。

図4　10〜12歳の子どもを対象とした計画的水分補給と自由水分補給での脱水量の違い
計画的水分補給と自由水分補給では，同じ運動を行っても体重減少量が約2倍近く異なっている。
この差には水分補給量の違いが関係していると考えられる。（文献4より引用）

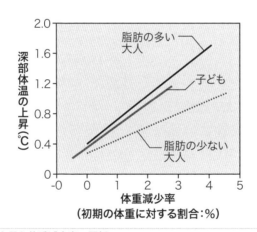

図5　深部体温の上昇と体重減少率の関係
子どもは大人と比べて，同程度の脱水レベルでも深部体温の上昇率が大きい。（文献4より引用）

2.1.2　水分補給の重要性に関する教育

　子どもたち自身で適切な水分補給ができるようになるためには，指導者をはじ
めとした大人の介入も必要である。なぜなら，子ども自身が練習中や試合中に水
分補給に取り組めるようになったと自己評価をしても，練習前の脱水状態は改善
されないとの報告があるからである[5]。このような状況を改善するために，大人

スポーツ活動以外	スポーツ活動中

教育：水分補給に対する理解
　　　を深める
観察：日々の脱水レベルの把握
　　　健康の維持・管理

＋

味　：個人の嗜好にあった水分補給
場所：飲料の保存方法を含めた最適な
　　　水分補給場所の提供
機会：水分補給の時間を確保し，各個
　　　人にあった水分補給を行う（計
　　　画的な水分補給）

図6　適切な水分補給のための子どもへのアプローチ
子どもの適切な水分補給の実践のためには，スポーツ活動中だけでなく，活動以外のタイミングで水分補給の重要性に関する教育を繰り返し行うことや，日々のコンディション管理を通じて観察を行うことが重要である。

は，活動中に適切な水分補給を実践できる環境づくりに加えて，水分補給の重要性を繰り返し子どもたちに伝えていく必要がある（**図6**）。

2.2　暑熱順化

　暑熱順化によって暑さに対する様々な生理学的・主観的変化が起こる（Chapter 8参照）。子どもも大人と同様に暑熱順化するが，大人と比べて順化の獲得までに時間がかかる。暑熱順化による生理的反応の獲得には，8〜10回の暑熱曝露（暑い環境にいることやその中で運動を行うこと）が必要であるとされているが[1]，思春期（11〜14歳）の男子は，深部体温（**図7A**）や心拍数（**図7B**）に対する順化の効果が，大人（25〜30歳）と比較して小さい[13]。また，暑熱順化の効果が十分に得られていないタイミングで，強度の高い運動を長時間行うことは，熱中症の発生リスクを高めるため避けるべきである。

　暑熱順化は文字通り，身体の「暑さへの順応」である。したがって，体内で起こる様々な生理学的適応を支える栄養学的側面も，その効果に影響を及ぼす。暑熱順化を目的としたトレーニングを行った後にミルクプロテイン（牛乳などの乳製品に含まれるたんぱく質）を摂取すると，血液量の増加が認められたり，血中の水分保持に関係するたんぱく質の量が増加したりする[7]（Chapter 17　図5参照）。これは，子どもを対象として行われた研究ではないが，子どもにも応用できる知見であろう。

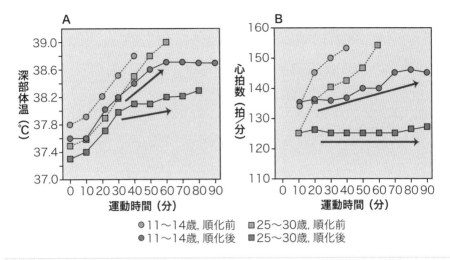

図7　子どもと大人は順化の効果の現れ方が異なる
A：順化によって，大人は運動中の深部体温の上昇が順化前と比べて緩やかになる。子どもも運動中の深部体温は順化前より低下するが，その効果は大人と比較すると小さい。
B：順化によって，大人は運動中の心拍数の増加が抑えられるが，子どもは大人と比較するとその効果は小さい。（文献 13 より引用）

2.3　身体冷却

　子どもを対象とした身体冷却とパフォーマンス発揮に関する知見は少ないが，子どもの体温調節機能，特に発汗能の発達が未熟であることを考えると，運動中の過度な体温上昇を防ぐ目的で身体の内・外部から冷却を行うことは有効であると考えられる。したがって，大人を対象に行われている身体冷却の方法を取り入れるとよい（Chapter 9 参照）。

2.4　子どもの暑熱環境下でのスポーツ活動時における留意点

　最後に，暑熱環境下での子どものスポーツ活動についての留意点を，運動のタイミングごとにまとめる（表1）。活動の数日前から継続的に気象条件をチェックし，暑熱環境下の活動に対する様々な準備に活用する。気象条件が子どものスポーツ活動に際して極めて過酷となると予想される場合は，中止や延期，時間の変更も想定したうえで，事前の準備を行う。運動前は活動場所で実際に気象条件の観測を行い，活動の可否を冷静に判断する。日本スポーツ協会の『スポーツ活

表1　暑熱環境下での子どものスポーツ活動における各タイミング別の確認事項

タイミング	項　目	実施者	チェック
起床時	体重測定	本人・保護者	
	尿の比重または色の確認	本人・保護者	
	睡眠状況・体調の確認	本人・保護者	
	気象条件の確認	保護者・指導者	
運動前	体重測定	本人・指導者	
	暑熱対策（水分補給・身体冷却）の準備	指導者	
	休憩場所の確認	指導者	
	気象条件の観測，実施可否決定	指導者	
	活動内容の打ち合わせ，再検討	指導者	
運動中	子どもの様子の観察（汗，顔色，行動，言動など）	指導者	
	暑熱対策の実施	指導者	
	気象条件の確認	指導者	
運動後	体調確認	本人・指導者	
	体重測定	本人・指導者	
	水分補給	本人・指導者・保護者	
	栄養補給	本人・指導者・保護者	

表2　アメリカ小児科学会による暑熱環境下での運動指針

WBGT（℃）	活動制限
< 24.0	すべての運動が可
24.0 ～ 25.9	15分ごとの水分補給と日陰での長い休息
26.0 ～ 29.0	順化していない場合は運動の中止，長距離走など高体温となるリスクが高い種目も中止
> 29.0	すべての運動を中止

（文献1より一部改変）

動中の熱中症予防ガイドブック』[10]では，WBGTが28℃以上で「厳重警戒」，31℃以上で「運動は原則中止」となっている（2019年8月時点）。一方，アメリカでは，American Academy of Pediatrics（アメリカ小児科学会）によって，WBGTが29℃以上であれば「すべての運動を中止」という指針が発表されている（この指針では，『スポーツ活動中の熱中症予防ガイドブック』[10]よりWBGTの基準値が低く設定され，またWBGTごとの活動の指針が記載されている）（表2）。活動開始時の気象条件が活動基準の範囲内であったとしても，運動

開始直後に気温の急上昇などが起こる可能性もあるので，運動中も気象条件の変化に注意する。さらに，急激な気象条件の変化（Chapter 4 参照）や熱中症の発生にも対応できるようにしておく（Chapter 5 参照）。活動場所や地域によって気象条件が異なるため，チームや団体が独自に運動の実施可否基準を設定してもよい。

　運動中は，運動を行っている際の子どもの様子（汗の量や顔色など）を観察し，暑さ対策を行う時間や休息時間を十分に確保する。運動後は，体調に異変がないか確認し，体重の測定を行う。体重の変化を知ることで，より効率的にリカバリー（水分補給・身体冷却・栄養補給）を行うことができる。

　以上，子どもの体温調節機能や暑さ対策の実践に関して述べた。子どもの暑さ対策の実践には，「大人と子どもは違う」ということを理解し，大人が積極的に介入することが必要である。

文　献

1) American academy of pediatrics: Climatic heat stress and the exercising child and adolescent. *Pediatrics*, 106: 158-159, 2000.
2) Araki T, Matsushita K, Tsujino A: Age differences in sweating during muscular exercise. *J Physical Fitness Japan*: 239-248, 1979.
3) Arnaoutis G, Kavouras SA, Kotsis YP, et al.: Ad libitum fluid intake does not prevent dehydration in suboptimally hydrated young soccer players during a training session of a summer camp. *Int J Sport Nutr Exerc Metab*, 23: 245-251, 2013.
4) Bar-Or O, Dotan R, Inbar O, et al.: Voluntary hypohydration in 10- to 12-year-old boys. *J Appl Physiol Respir Environ Exerc Physiol*, 48: 104-108, 1980.
5) Decher NR, Casa DJ, Yeargin SW, et al.: Hydration status, knowledge, and behavior in youths at summer sports camps. *Int J Sports Physiol Perform*, 3: 262-278, 2008.
6) Falk B, Dotan R: Children's thermoregulation during exercise in the heat: a revisit. *Appl Physiol Nutr Metab*, 33: 420-427, 2008.
7) Goto M, Okazaki K, Kamijo Y, et al.: Protein and carbohydrate supplementation during 5-day aerobic training enhanced plasma volume expansion and thermoregulatory adaptation in young men. *J Appl Physiol*, 109: 1247-1255, 2010.
8) 井上芳光：発育と老化. In: 井上芳光, 近藤 徳彦 編, 体温II, ナップ, 東京：pp. 220-237, 2010.
9) Kenefick RW: Drinking strategies: planned drinking versus drinking to thirst. *Sports Med*, 48: 31-37, 2018.
10) 日本スポーツ協会：スポーツ活動中の熱中症予防ガイドブック. 2019.

11) Rowland T, Hagenbuch S, Pober D, et al.: Exercise tolerance and thermo-regulatory responses during cycling in boys and men. *Med Sci Sports Exerc*, 40: 282-287, 2008.

12) Sinclair WH, Crowe MJ, Spinks WL, et al.: Pre-pubertal children and exercise in hot and humid environments: a brief review. *J Sports Sci Med*, 6: 385-392, 2007.

13) Wagner JA, Robinson S, Tzankoff SP, et al.: Heat tolerance and acclimatization to work in the heat in relation to age. *J Appl Physiol*, 33: 616-622, 1972.

14) Wilk B, Bar-Or O: Effect of drink flavor and NaCL on voluntary drinking and hydration in boys exercising in the heat. *J Appl Physiol*, 80: 1112-1117, 1996.

15) Wilk B, Kriemler S, Keller H, et al.: Consistency in preventing voluntary dehydration in boys who drink a flavored carbohydrate-NaCl beverage during exercise in the heat. *Int J Sport Nutr*, 8: 1-9, 1998.

16) Wilk B, Meyer F, Bar-Or O, et al.: Mild to moderate hypohydration reduces boys' high-intensity cycling performance in the heat. *Eur J Appl Physiol*, 114: 707-713, 2014.

（中村　大輔）

Chapter 12

高齢者の暑さ対策

はじめに

　近年，熱中症の死亡者数と搬送者数は増加傾向を示しているが，年齢分布をみると救急搬送者数の約50％，死亡者数の約80％は満65歳以上の高齢者であり，高齢者が熱中症を発症した場合には，重症化率が高くなることがわかる。高齢者の熱中症発生場所（場面）をみると，住宅内が約60％，屋外道路などが約30％となっており，さらに運動・スポーツ活動，作業による熱中症の発生割合は約4％（男性約8％，女性約3％）となっている（**図1**）[5]。

1.　高齢者の体温調節機能

　高齢者においては，加齢に伴う体温調節機能の低下（**老化**）が生じることが知られており，熱中症が起こりやすいといえる。皮膚血流量と発汗反応は老化に伴

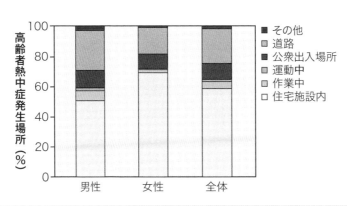

図1　高齢者における熱中症発生場所
（文献5より引用）

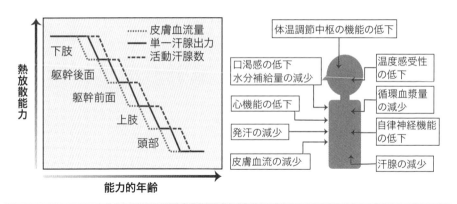

図2　**熱放散能力の老化過程**（文献1より一部改変）

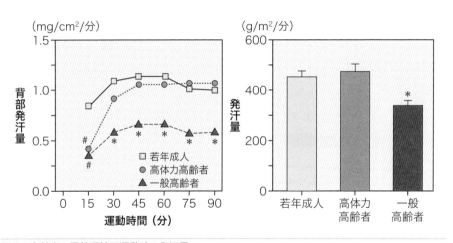

図3　**高齢者の暑熱環境下運動時の発汗量**
気温43℃，湿度30％における運動時の発汗量（左：背部発汗量，右：総発汗量）。＊：若年成人
および高体力高齢者との有意差，＃：若年成人との有意差。（文献2より引用）

い低下することが，暑熱環境下における運動負荷実験などで明らかにされ，この
低下現象は下肢から始まり，体幹部，上肢・頭部へと移行していく（**図2**）。一方，
他の老化現象と同様に個人差があり，特に体力水準が強く影響することが知られ
ている。**図3**[2]は高体力高齢者と一般体力高齢者の暑熱環境下運動時における発
汗量の変化を示しているが，高体力高齢者においては，若年成人と同等の発汗量
を示している。このように，加齢に伴う体温調節機能の低下は，単に何歳という
暦年齢で語るべきではなく，日常の生活習慣によってもたらされる体力水準など

を常に考慮することが不可欠といえる。

　また，高齢者においては，発汗などにより脱水が生じた場合，体液バランスの回復が成人よりも遅いことが明らかにされている。これは，飲水行動をとらせるための口渇感や腎機能の低下が関与していると考えられている。これにより，発汗を起こしても飲水行動が伴わず，脱水による熱中症発症につながりやすい。さらに，環境の温熱状態を感知する皮膚の温度センサーも低下しており，暑さを適切に知覚できずに対応が遅れてしまうことにつながるため，高齢者本人と周囲の人が成人以上に暑さ対策を意識することが必須といえる。

2.　高齢者の屋内での暑さ対策（表1）

　ここでは，まずは一般高齢者における暑さ対策の基本を記載する。高齢者の場合，前述したように，機能的な老化現象により，基本的に暑さには弱いことを認識しておくべきである。そのうえで，暑さへの対策として，暑熱環境下には長く滞在しないようにすることが大切である。一般成人では暑い・涼しいなどを感知して，皮膚血管拡張や発汗などの自律性熱放散反応や行動性反応を起こすが，高齢者では十分な反応が起きない可能性がある。高齢者によっては，気温が高くても認識できずに，あるいは冷房が身体に悪いという先入観などにより，30℃以上の環境下で長時間過ごす場合も多く見受けられる（**図4**）[7]。滞在環境の温度が視覚的にわかるように，**デジタル温度計**などを居室内に配置し（対策1），温度計の情報から必要に応じて**冷房**などで環境温度を涼しくする（対策2）。室内の冷房などの使用について注意することとして，強い風量を常に直接身体にあて続けることによる不快感や体調不良が起こりやすいため，風向きや風量調整を行うことがある。涼しい部屋から冷房の効いていない部屋や屋外へ移動する際にも

表1　高齢者の屋内における暑さ対策

1	温度計で温度，湿度を確認する
2	冷房を積極的に活用する
3	温度差のある場所へ移動する時には，身体を慣らしながら行く
4	入浴前，就寝前に水分補給を行う

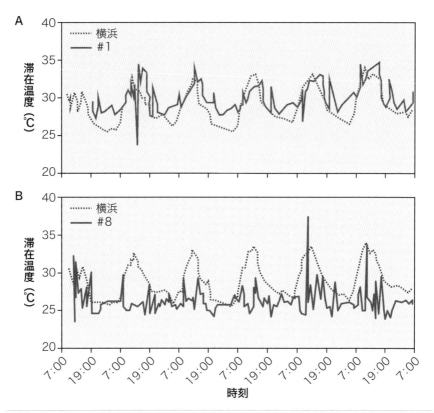

図4　高齢者の屋内滞在時の滞在温度の例
＃1：気温と滞在温度がほぼ同じで，冷房をほとんど使用していない高齢者の例。＃8：滞在温度がほぼ26℃で，冷房環境下で過ごす高齢者の例。(文献7より引用)

　注意が必要である。特に気温が高い場所への移動により，**温度差から皮膚血管拡張反応が起こり**，一過性の血圧低下が起き，いわゆる熱失神症状を起こしやすくなる。血圧調節機能も高齢者においては低下しているため，温度差7℃以上の場所を移動する場合には，徐々に身体を高温環境に慣らしながら移動することが対策となる（対策3）。**入浴**時や**睡眠**時にも高齢者の熱中症が発生している。入浴中はもちろん，睡眠中も常に発汗が起こっているが，就寝前の**水分補給**は睡眠時にトイレに行きたくなることにつながると考え，控える高齢者が多い。入浴中や睡眠中に脱水にならないよう，事前にコップ一杯の水分補給をすることは重要といえる（対策4）。

3. スポーツ・作業時および屋外での暑さ対策 (表2)

　屋外滞在中やスポーツ活動時，作業時などには，熱ストレスが過剰にかかることになる。成人でも，**発汗**による熱放散だけでは不十分で，それ以外の対応も必要となるが，前述したように発汗機能が低下している高齢者では，暑さ対策としていくつかのポイントが指摘されている。まず，発汗は最も大切な暑さ対策と考えられるため，**汗をかける体つくり**（対策1）が最初にあげられる。高齢者は安静時の血漿量が若年成人よりも少なく，血漿浸透圧が高い傾向にあることからも，熱中症になりやすいといえる。近年，ウォーキングなどの運動直後30分以内に糖質と動物性たんぱく質を含んだ食品（牛乳1〜2杯など）を摂取することにより，**血液量**を増加させ，最終的に多くの発汗が起きるようになることが報告されている[6]。普段あまり汗をかく習慣がない高齢者の場合には，特にこのような汗をかける体つくりは有効である。一般成人だけでなく高齢者も，暑熱環境で運動を継続することにより**暑熱順化**が起こり，運動・作業継続時間が延長することも示されている[2]。

　一方，発汗することは重要であるが，発汗により**脱水**が起きやすくなる。高齢者は成人と比較して水分補給を感覚的に十分にできない傾向があり，脱水になりやすいといえる（**図5**）[3]。よって，高齢者の場合は，常に**一定間隔で水分補給**する対策を行うべきと考える（対策2）。例えば，体重1 kgあたり8 g/時（体重50 kgの場合400 mL/時）の水分補給を行っていれば，脱水による熱中症障害（体重2%以上の脱水）にはほぼ達しないと考えられるため，20分に100 mL（コップ1杯）程度を補給することを考えて活動すればよいと考えられる。

　屋外では，日射による輻射熱ストレスの影響が大きいことはよく知られている。そのため，屋外運動や作業を行う場合には，日射を避ける対策が不可欠といえる

表2　高齢者の運動時・作業時の暑さ対策

1	汗をかける体つくりをする
2	脱水2%以上にならないように一定間隔で水分補給する
3	日陰を選択して活動・休憩を行う
4	身体冷却を積極的に行う
5	心拍数，体温モニターで運動・作業中止基準を確認する

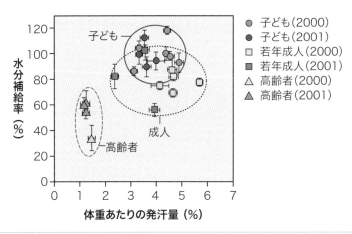

図5　高齢者の脱水率と水分補給率の関係
カッコ内の数字は調査年度を示す。（文献3より引用）

（対策3）。日射を避ける手段としては，頭部を直射日光から守る帽子の着用はもちろん，なるべく日があたらない日陰での運動・作業を行うようにすべきである。温熱環境条件とスポーツ活動や作業の状況によっては，発汗反応だけでは当然ながら体熱を十分放散できない可能性が高くなるため，過度の体温上昇を引き起こす可能性が高い。過度の体温上昇は，いうまでもなく運動・作業パフォーマンスに影響を及ぼすだけでなく，生命のリスクを高めることにつながるため，体温を人為的に低下させることが必要となってくる（対策4）。近年，様々な冷却手法や冷却機器が開発されており，それぞれ一長一短があるものが多いので，その特徴を踏まえて使用することが必要と思われる。冷却手段としては，大きく物理的に体外から冷却する方法と，風を用いて汗の蒸発を促進させ，冷却する方法がある。直接冷却を行う代表的な方法としては，身体を冷やしたタオルで拭く，手部を冷水に数分間浸ける，アイスパックなどを頸部・背部などにあてるなどがある。風を用いて発汗を促進させる器具としては，携帯型扇風機や衣服内扇風機（ファンつき作業服）などがある。ファンつき作業服の着用により，生理的・心理的に生体負担度が軽減される（図6）[8]。携帯型扇風機は，熱風を顔面部に直接あてることによる不快感もあるため，使用時間や風をあてる部位には注意が必要である。

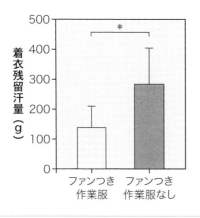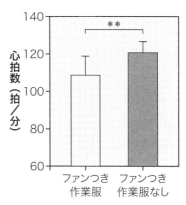

図6　ファンつき作業服の着用による暑熱環境下（34℃）作業負荷時の着衣残留汗量と心拍数
＊：p＜0.05，＊＊：p＜0.001（文献8より改変）

　スポーツ活動時や作業時の対策として，活動時の心拍数や体温から**活動を中断する基準**を理解しておくべきである（対策5）。国際標準化機構（ISO）および米国労働衛生専門家会議（ACGIH）では，作業時の中止基準として，持続平均心拍数が「180 − 年齢」を上限とし，運動・作業強度のピーク1分後の心拍数が120以下に戻らない場合は許容限界を超えたと判断し，暑熱環境下の滞在を中止するよう勧告している。また，体温も38℃以下を基準とし，それ以上となった場合には活動を中止するようにする。さらに，激しいのどの渇き感や疲労感がある場合も，中止基準としている[4]。

文　献

1) 井上芳光：発育と老化．In: 井上芳光，近藤徳彦 編，体温 II−体温調節システムとその適応．ナップ，東京，2010.
2) Inoue Y, Havenith G, Kenny WL, et al: Exercise- and methylcholine- induced sweating responses in older and younger men: effect of heat acclimation and aerobic fitness. *Int J Biometeorol*, 42: 210-216, 1999.
3) 井上芳光，米浪直子，小倉幸雄 他：夏季スポーツ活動時における発汗量と水分補給量の年齢差．体力科学，51: 235-244，2002.
4) ISO9886：Evaluation of thermal strain by physiological measurements, 2004 ACGIH2009：Heat Stress and Heat Strain. 2009 TLV and BEIs, 224-233, ACGIH, 2009.

5）国立環境研究所：熱中症患者速報　平成 27 年度報告書，2016．http://www.nies.
go.jp/gaiyo/archiv/risk8/2015/2015report.pdf

6）Okazaki K, Goto M, Nose H: Protein and carbohydrate supplementation after
exercise increases aerobic and thermoregulatory capacities. *J Physiol(Lond)*, 587:
5585-5590, 2009.

7）田中英登，梅田奈々：高齢者における夏季の冷房使用状況と冷房使用時の生理的反応
と温熱的快適性に及ぼす気流の影響．日生気誌，51: 141-150, 2015.

8）山崎慶太，菅　重夫，栄原浩平　他：人工気候室での模擬作業がファン付き作業服を
着用した建設作業員の生理・心理反応に及ぼす影響．日本建築学会環境系論文集，
83(748): 543-553, 2018.

（田中　英登）

Chapter **13**

身体障害者の
暑さ対策

はじめに

　暑熱環境における運動時の熱放散には，発汗や血管拡張によるものが大きく貢献する。しかし，身体的障害がある者は，体温調節が困難である場合がある。例えば脊髄損傷者は，損傷部位以下への自律神経調節が阻害され，熱放散の主な機能である血管拡張や発汗機能が低下または失われることによって，うつ熱を生じることから，体温上昇が著しい[22, 23]。体温の過度な上昇は，疲労，パフォーマンスの低下に加え，熱中症や尿路感染症，ケガなどのリスクを高める。また，四肢の切断がある場合には，健常者と比較して，熱放散に利用できる皮膚表面積が小さい。また，下肢の麻痺または切断がある人は，車いすを使用する競技を実施

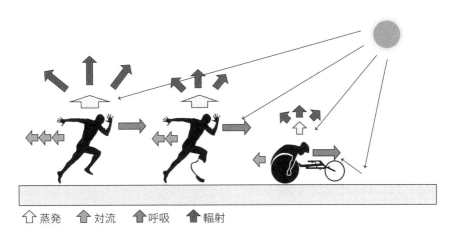

↑蒸発　↑対流　↑呼吸　↑輻射

図1　障害による熱放散と温熱負荷の比較
呼吸による熱放散は，熱放散全体の中での貢献度は小さいが，障害の有無にかかわらず不変である。蒸発，対流，輻射による熱放散は，切断の大きさや麻痺部の大きさによって低下する。車いす使用の場合は，立位と比較して地表面からの輻射熱の影響を大きく受け，温熱負荷が大きくなることがある。（文献17より引用）

している場合も多い。車いす使用者は健常者の立位姿勢と比較して地表面に近く（高さ 50 cm を想定），WBGT（暑さ指数）は 0.1 ～ 0.3℃程度高くなる。風が弱く，日射が強い場合には 2℃程度高くなった事例もあり，地表面からの輻射熱を大きく受けることを示唆している（図 1）[17]。

このように，屋外で車いすスポーツを実施する際には，体温の上昇への留意がより多く必要である。また，屋内においても，身体障害者の運動時の水分補給と身体冷却は，競技パフォーマンスの発揮と障害悪化予防，暑熱障害予防のために重要である。

1. 各種障害と体温調節

主な競技スポーツの障害区分は，競技ごとに細分化されているが，このセクションでは大きく**脊髄損傷，切断，脳性麻痺**の 3 つの障害グループにおける体温調節を取り上げる。

1.1 脊髄損傷

脊髄神経は，脊髄から発する末梢神経で，頸神経（C1 ～ C8）8 対，胸神経（T1 ～ T12）12 対，腰神経（L1 ～ L5）5 対，仙骨神経（S1 ～ S5）5 対，尾骨神経（Coc）1 対の計 31 対で構成されている。脊髄損傷は，交通事故やスポーツ中の事故のように脊髄に極度の外力が加わった場合と，退行性または先天性の障害によって起こる場合があり，損傷の程度に応じて**運動麻痺**や**感覚麻痺，自律神経障害**が起こる。また，運動機能や感覚機能は，完全損傷であるか不完全損傷であるかで程度が異なる（図 2）。

T1 ～ L2 に交感神経活性が起こるため，熱放散に必要な血管拡張と発汗作用は低下または失われ，健常者と比較して体温調節機能が劣る[2, 3, 12]。交感神経障害と運動麻痺に起因して，血管を収縮させて血液を送り出す**動脈ポンプ作用**と，筋収縮によって静脈を圧迫することで血液を心臓に送り返す**筋ポンプ作用**（ミルキングアクション）が十分に機能せず，血液を再分配する能力が制限され，対流による熱放散も低下する。また，血管拡張による熱放散は，T11 / 12 レベル以下の損傷ではみられるが，それより高位の場合はみられず，高体温（39.5℃以上）

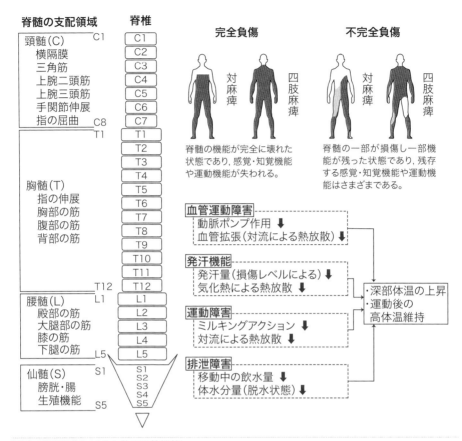

図2　脊髄損傷レベルと体温調節機能

に達することがある[20, 21]。さらに，運動後の深部体温の持続的な上昇が健常者と比較して長時間続くことから，ポストクーリングの必要性も高い。

　L2レベル以下の損傷では発汗は可能であるが，T3〜L2レベルの損傷では，発汗部位が限定される。T5レベル以上の損傷では，自律神経障害が現れることから発汗機能が損なわれるため，T6レベル以下の損傷者よりも体温上昇が顕著である[8]。また，発汗がない部位では皮膚の乾燥が起こり，環境温に依存して皮膚温が上昇する。

　脊髄損傷を持つ競技者は，過度の水分摂取による膀胱の膨張などが求心性刺激を起こし，**自律神経過反射**を誘発することにも注意しなければならないが，この

ような状況は他の多くの原因によっても引き起こされる[28]。自律神経過反射は一般に T6 レベル以上の損傷者にほとんどみられる状態であり，泌尿器への刺激が誘因となって交感神経が過剰に興奮してしまう制御不能な急性状態である。収縮期血圧が 160 mmHg を超える高血圧と頭痛を引き起こす可能性がある。原因の除去には緊急的な対応が必要であるが，**膀胱留置カテーテルのトラブル**が最も多い。スポーツ現場では，競技者が長距離の移動中に，介助なしでトイレに行くという不便さを避けるために，水分補給を回避し脱水状態にしておくことも比較的よく耳にするところである。したがって適切な水分補給は，競技者が脱水状態での活動を防ぐために，膀胱容量や排泄タイミングなどの排泄管理から計画を立てていく必要がある。

　脊髄損傷による脊髄節と交感神経節の機能障害レベルは必ずしも一致しないことから，選手自身やスタッフが個々の選手の身体特性と体温調節を評価し，普段の練習から試合期の水分補給・身体冷却戦略を立てる必要がある。

1.2　切断（図 3）

　切断がある競技者の温熱負荷が高まる要因は，主に**体表面積**の減少から生じる対流による熱放散と気化熱の損失である。特に下肢切断の選手は，トライアスロンやサイクリング（ロードレース）のような高強度の種目が多く，練習時間も長いことが多い。同じような速度で歩行する場合，切断者は健常者よりも多くのエネルギーを消費し，切断が体幹部に近い（切断の部位が大きい）ほど，歩行に必要な努力が大きくなることが報告されている[16,26]。例えば，下腿切断者は，非切断者と比較して 9 〜 33％エネルギー消費量が多く，大腿切断者は 37 〜 100％エネルギー消費量が多い。したがって，暑熱下でスポーツを行う場合，相対的運動強度が高く厳しい環境への曝露時間が長いため，身体冷却の必要性は高い。

　切断を受けた競技者は，四肢を失い，残った四肢を義肢で覆うことによって，その部位の熱放散が減少する。特に下肢の両側切断の競技者の場合は，歩行の非対称性によるエネルギーコストの増大が起こるだけでなく，義足のソケットに覆われる部位が大きくなることで，熱放散に利用できる体表面積が減少し，運動中の蓄熱量が増加する。切断された四肢に**皮膚**を移植した場合も，汗腺の反応性がなく，移植された皮膚の皮膚血管拡張能が永続的に障害される可能性があるため，

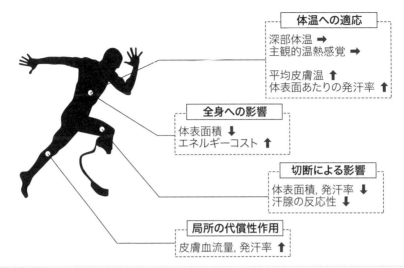

図3　切断者の体温調節と適応

熱放散がさらに損なわれる可能性がある。熱放散への影響の大きさは，切断の大きさと，移植した皮膚で覆われている体表面積の大きさに依存すると考えられる。

　切断部では発汗と対流による熱放散がないため，体温調節には不利になるが，Hasegawa らは，残存部位からの発汗率の向上によって熱放散を促進させる**代償作用**があることを明らかにした[14]。片側下肢切断者の平均皮膚温は健常者よりも高くなるものの，深部体温は健常者と違いはなく，非切断足において切断部の熱放散を代償することで過度な深部体温の上昇を防いでいるのである。したがって，運動時の身体冷却もさることながら，効果的に発汗効率を上げるための暑熱順化が効果的である。

1.3　脳性麻痺

　一般的に脳性麻痺のある競技者は，アテトーシス（不随意運動），低血圧，運動失調などによって，筋の共同運動に障害があることから，運動効率が低下（エネルギーコストが増大）し，同一強度の運動に対する代謝産熱が増大する。また，自律神経障害がある場合には，発汗による熱放散も低下してしまう。これらは，温熱負荷を増加させ，深部体温が上昇する要因となる。**運動障害**は，筋ポンプ作用の効率の低下から静脈還流障害を引き起こし，末梢から中枢循環への静脈血の

血流再分配に悪影響を及ぼす。これにより，心拍数が増加し，相対的運動強度が増加する[18]。

　脳性麻痺のある競技者は，筋の痙縮や可動域の制限を改善するために，A 型ボツリヌス毒素（BTX-A）を注射することでコントロールすることがある[4]。BTX-A は，アセチルコリンの放出を阻害して部位での汗の産生を減少させるため，多汗症の治療にも使用される[15]。痙縮を管理するための BTX-A 使用による暑熱障害の発症率は現在のところ不明であるが，局所の熱放散や適応能力の低下をもたらす可能性がある。

　脳性麻痺のある競技者には，このような生理学的な違いがあるだけでなく，ペース認識に潜在的な違いがある可能性があることが指摘されている[19,25]。暑熱環境で競技をする時，健常競技者は体温の臨界点の範囲内で必要なタスクを完了できるように，相対的強度を低下させるべく段階的にコントロールしている[29]。一方で脳性麻痺のある競技者は，外部環境や体温の状態を的確に認知して処理することができず，過負荷なペーシングを維持してしまうことで，早期の疲労蓄積と運動パフォーマンス低下のリスクを高めてしまう可能性がある[5,27]。したがって，水分補給や身体冷却だけでなく，運動のペースメイキングも，客観的な指標を用いながら考慮しなければならない。

2.　暑熱対策

　基本的な暑熱対策は，健常者に対する体外・体内冷却方法を適用することができるが（Chapter 9 参照），障害の程度によっては，身体冷却の方法や時間に留意すべき点がある。個々の障害の程度や競技者の身体的特性を十分に理解することで，適切な身体冷却方法を組み合わせ，実施することができる。

2.1　身体冷却の例

　切断のある競技者も，健常競技者と同様に，冷たい飲料やアイススラリーの摂取によって，深部体温の低下と運動継続時間の延長の効果が期待できる。脊髄損傷の車いすラグビー選手を対象とした研究では，体重 1 kg あたり 6.8 g のアイススラリーを運動前に摂取したところ（健常者：体重 1 kg あたり 7.5 g 程度），

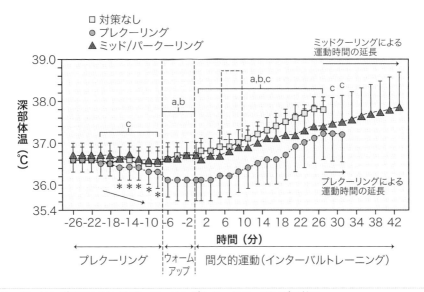

図4 クーリングベストによるプレクーリングとミッドクーリングの効果

クーリングベストによるプレクーリングと，ミッド/パークーリングの効果の比較。プレクーリングによって深部体温は低下し，間欠的運動への貯熱量が増大する。ミッドクーリングでは，急激な体温上昇を抑制することで運動時間が延長する。a：対策なし対プレクーリング（$p < 0.05$），b：対策なし対ミッドクーリング（$p < 0.05$），c：プレクーリング対ミッドクーリング（$p < 0.05$），＊：プレクーリング時の安静に対して（$p < 0.05$）。(文献30より引用)

運動開始から30分まで深部体温が低値を示すことが認められた。すなわち，貯熱量が増大することで，運動時間の延長や運動パフォーマンスの向上に寄与する。

　全身の浸水を伴う体外冷却（冷水浴：水温20～25℃，30分程度の浸漬）は，深部体温を早く，長く低下させる手段である。介助が必要な車いす使用者の場合は困難な方法であるが，手掌部や足部の冷却だけでも身体の冷却には効果がある[9]。脊髄損傷においては，足部よりも手掌部や頸部，頭部の冷却の方が，効果が大きい。**図4**に示すように，**クーリングベストはプレクーリング，パークーリングとして活用する**ことで，急激な体温上昇を抑制することができる。練習時間が長い競技や車いすを使用する競技の場合でも，深部体温の低下と過度な水分摂取を抑えられる簡便で有効な手段である。また，損傷レベルが高いほど，水スプレーと組み合わせることで効果が大きくなる。**表1**にパラアスリートを対象にした身体冷却に関する研究成果を示した。

表1　パラアスリートを対象にした身体冷却

種　類	タイミング	運動の種類	冷却効果	文　献
足部浸水	DUR	45分のアームクランキング運動	運動時，運動後の鼓膜温が低値を示す	Hagobianら [13]
手掌部冷却	POST	60分の車いすエルゴメータ	鼓膜温の低下	Goosey-Tolfreyら [10]
水スプレー	DUR	ハンドエルゴメータによる間欠的運動	気温が低い時は効果がない	Pritchettら [24]
クーリングベスト	PRE DUR	ハンドエルゴメータによる間欠的運動	深部体温の低下	Webbornら [30]
クーリングベストと水スプレーの併用	PRE DUR	ラグビーのシミュレーションゲーム	深部体温の低下	Griggsら [11]
冷水浴	PRE	—	深部体温，心拍数の低下*	Forsythら [6]
冷却水とクーリングベストの併用	DUR	30分のアームクランキング運動	鼓膜温の低下	山崎ら [31]
アイススラリー(6.8 g/kg)	PRE	—	深部体温の低下	Forsythら [6]
アイススラリー(6.8 g/kg)	PRE	車いすエルゴメータによる間欠的運動	深部体温の低下	Griggsら [11]

DUR：ミッド/パークーリング，PRE：プレクーリング，POST：ポストクーリング。*：損傷レベルが高いと低下しすぎる危険性。

2.2　身体障害者における身体冷却の注意点

　脊髄損傷の車いすバスケットボール選手を対象として運動前の①冷水浴，②アイススラリー摂取，③アイススラリーと体外冷却（四肢と体幹）の組み合わせの効果が検証された [6]。深部体温と心拍数を低下させるには，冷水浴が最も有効で，次いでアイススラリーと体外冷却の組み合わせであった。冷水浴の場合は運動前40〜60分に完了させ，アイススラリーは運動直前に摂取することが効果的であるが，冷水浴は大会や試合前に実施することは現実的でない。対麻痺で高位損傷の場合は，冷水浴によって深部体温と心拍数が下がりすぎ，運動時にも回復しない危険性がある。プレクーリングとして実施する場合には，麻痺部の大きさを考慮しながら冷却時間を短くする必要がある。車いすの操作や手先の巧緻性を要する競技では，手掌部の冷却はパフォーマンスの低下につながるため不適切であり，クーリングベストのような体幹部の冷却の方が望ましい。

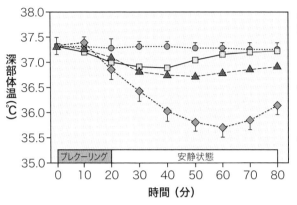

図5　プレクーリングの効果と留意点
20分のプレクーリングを，アイススラリーと体外冷却，冷水浴，またはその組み合わせで比較している。アイススラリーのみでは摂取後30分でコントロール条件と同水準となるが，アイススラリーと体外冷却の組み合わせでは冷却効果が持続する。冷水浴が最も深部体温が低下するが，高位損傷者では筋量が少ないことから体温が回復しにくいため，冷却時間を短縮しなければならない。
（文献6より引用）

　発汗部位が大きく限定されている場合，水分補給量の増加は生理的に必要とされない。大量の飲料水を摂取して頻繁に排泄すると，胃腸の不快感を引き起こすだけでなく，尿路感染症のリスクが増えたり，カテーテルを使用する選手にとってはパフォーマンスに悪影響を及ぼす。したがって，水分補給のタイミングを十分に確保し，少しずつ頻繁に摂取することが求められる。また，アイススラリーの許容量は，障害の程度だけでなく，そもそもの個人差が大きい。飲水量も含めて，アイススラリーの摂取量は，練習時から発汗量や深部体温の変動，排泄状況，暑さへの感覚を把握することが求められる（**図5**）。

2.3　暑熱環境への準備（暑熱順化）

　暑熱順化は，環境や運動によって生じる暑熱負荷が繰り返されることによって，生体負荷が軽減する適応現象を指す。暑熱環境でのパフォーマンスを最適化し，暑熱耐性を向上させるために採用できる最も重要な介入である。暑熱順化は通常，毎日または1日おきに35℃以上の温度で1〜2時間の暑熱曝露を5〜16日行う。深部体温と皮膚温の低下，運動時の最高心拍数の低下，認知機能，発汗量などに

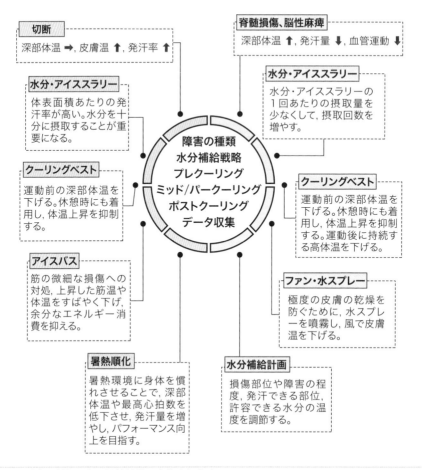

図6　障害の種類による暑熱対策と身体冷却戦略

ついての適応が可能になり，特に持久力競技に出場する競技者の成績に寄与する。

　C6〜T12レベル損傷の競技者が，ハンドエルゴメータ運動と競技の練習を暑熱環境で7日継続すると，鼓膜温の低下と，運動後の素早い鼓膜温低下が明らかになっている[1]。これは，脊髄損傷者においても健常域での暑熱順化が進み，熱放散機能が亢進していることを示唆する。一方で，5日の暑熱環境曝露では，健常群では適応がみられたが，脊髄損傷の体温調節パラメータに変化がないとの報告もある[7]。パラリンピック選手を対象とした研究では，健常者と比較すると部分的な暑熱順化を示しており，適応が起こる者と起こらない者がいる可能性が

考えられ，さらなる検討が必要である。切断の場合では，残存部位での暑熱順化が期待でき，早い段階から暑熱順化を進めることが重要である。

まとめ

　障害の名前が同じでもその程度によって体温調節機能や症状が異なり，同じ競技でもその障害区分が異なると，最適な身体冷却の方法や許容できる範囲が違う。試合・大会で最高のパフォーマンスを発揮させるためには，日頃の競技の練習だけでなく，選手個々人の身体特性，飲水の量とタイミング，アイススラリーの許容量，体外冷却の部位と時間などのデータを蓄積していくことで，最適な身体冷却戦略を立てる必要がある（図6）。

文　献

1)　Castle PC, Kularatne BP, Brewer J, et al.: Partial heat acclimation of athletes with spinal cord lesion. *Eur J Appl Physiol*, 113: 109-115, 2013.
2)　Downey JA, Chiodi HP, Darling RC: Central temperature regulation in the spinal man. *J Appl Physiol*, 22: 91-94：1967.
3)　Downey JA, Miller, JM, and Darling, RC.: Thermoregulatory responses to deep and superficial cooling spinal man. *J Appl Physiol*, 27(2): 209-212, 1969.
4)　Elkamil AI, Andersen GL, Skranes J, et al.: Botulinum neurotoxin treatment in children with cerebral palsy: a population-based study in Norway. *Eur J Paediatr Neurol,* 16(5): 522-527, 2012.
5)　Flouris AD, Schlader ZJ: Human behavioral thermoregulation during exercise in the heat. *Scand J Med Sci Sports*, 25(Suppl 1): 52-64, 2015.
6)　Forsyth P, Pumpa K, Knight E, et al.: Physiological and perceptual effects of precooling in wheelchair basketball athletes. *J Spinal Cord Med*, 39(6): 671-678, 2016.
7)　Gass EM, Gass GC.: Thermoregulatory responses to repeated warm water immersion in subjects who are paraplegic. *Spinal Cord*, 39(3): 149-155, 2001.
8)　Gemmer HJ, Engel P, Gass GC, et al.: The effects of sauna on tetraplegic and paraplegic subjects. *Paraplegia*, 30: 410-419: 1992.
9)　Goosey-Tolfrey V, Paulson T, Graham-Paulson T: Practical considerations for fluid replacement for athletes with a spinal cord injury. *Meyer Physiol Perform*, 11(7): 855-860, 2016.
10)　Goosey-Tolfrey V, Swainson M, Boyd C, et al.: The effectiveness of hand cooling at reducing exercise-induced hyperthermia and improving distance-race performance in wheelchair and able-bodied athletes. *J Appl Physiol*, 105: 37-43, 2008.
11)　Griggs KE, Havenith G, TAW Paulson, et al.: Effects of cooling before and during simulated match play on thermoregulatory responses of athletes with tetraplegia. *J Sci Med Sport*, 20(9): 819-824, 2017.
12)　Guttman L, Silver J, Wydham, CH: Thermoregulation in spinal man. *J Physiol*, 142: 406-419: 1958.
13)　Hagobian TA, Jacobs KA, Kiratli BJ, et al.: Foot cooling reduces exercise-induced

hyperthermia in men with spinal cord injury. *Med Sci Sports Exerc*, 36: 411-417, 2004.

14) Hasegawa H, Makino H, Fukuhara K, et al.: Thermoregulatory responses of lower limb amputees during exercise in a hot environment. *Journal of Thermal Biology*, 91: 2020.

15) Heckmann M, Ceballos-Baumann AO, Plewig G.: Botulinum toxin a for axillary hyperhidrosis (excessive sweating). *N Engl J Med*, 344: 488-493, 2001.

16) Huang CT, Jackson JR, Moore NR, et al.: Amputuation: energy cost of ambulation. *Arch Phys Med Rehabil*, 60: 18-24, 1979.

17) 環境省：熱中症環境保健マニュアル：2018.

18) Kloyiam S, Breen S, Jakeman P, et al.: Soccer-specific endurance and running economy in soccer players with cerebral palsy. *Adapt Phys Act Q*, 28(4): 354-367, 2011.

19) Maltais D, Wilk B, Unnithan V, et al.: Responses of children with cerebral palsy to treadmill walking exercise in the heat. *Med Sci Sports Exerc*, 36(10): 1674-1681, 2004.

20) Muraki S, Yamasaki M, Ishii K, et al.: Effect of arm cranking exercise on skin blood flow of lower limb in people with injuries to the spinal cord. *Eur J Appl Physiol*, 71: 28-32: 1995.

21) Muraki S, Yamasaki M, Ishii K, et al.: Relationship between temperature and skin blood flux in lower limbs during prolonged arm exercise in person with spinal cord injury. *Eur J Appl Physiol*, 72: 330-334. 1996.

22) 内藤貴司, 林聡太郎：脊髄損傷者の体温上昇抑制に有効な身体冷却法の検討. 体育学研究, 63: 1-11, 2018.

23) Normell LA: Distribution of impaired cutaneous vasomotor and sudomotor function in paraplegic man. *Scand J Clin Lab Invest*, 33: 25-41: 1974.

24) Pritchett RC, Bishop PA, Yang Z, et al.: Evaluation of artificial sweat in athletes with spinal cord injuries. *Eur J Appl Physiol*, 109: 125-131, 2010.

25) Runciman P, Tucker R, Ferreira S, et al.: Paralympic athletes with cerebral palsy display altered pacing strategies in distance-deceived shuttle running trials. *Scand J Med Sci Sports*, 26(10): 1239-1248, 2016.

26) Schmalz T, Blumentritt S, Jarasch R.: Energy expenditure and biomechanical characteristics of lower limb amputee gait: the influence of prosthetic alignment and different prosthetic components. *Gait Posture*, 34(1):31-36,2002.

27) Schmit C, Duffield R, Haussowirth C, et al.: Pacing adjustments associated with familiarization: heat versus temperate environments. *Int J Sports*, 11(7): 855-860, 2015.

28) Stephen PB, Margaret CH: *Yes, You Can! A Guide to Self-Care for Persons with Spinal Cord Injury*, 4th edition, Paralyzed Veterans of America, Washington, DC, pp.61-64, 2009.

29) Tucker R, Marle T, Lambert EV, et al.: The rate of heat storage mediates an anticipatory reduction in exercise intensity during cycling at a fixed rating of perceived exertion. *J Physiol*, 574(3): 905-915, 2006.

30) Webborn N, Price MJ, Castle PC, et al.: Effects of two cooling strategies on thermoregulatory responses of tetraplegic athletes during repeated intermittent exercise in the heat. *J Appl Physiol*, 98: 2101-2107, 2005.

31) 山崎昌廣, 長谷川博, 高取直志 他：脊損者にとっての効果的な運動時身体冷却法に関する研究. デサントスポーツ科学, 24: 44-52, 2003.

（林　聡太郎）

　暑熱環境下では持久性運動パフォーマンスが低下することが知られており，その影響は暑さへの慣れや水分補給，身体冷却の有無，服装などにより異なる。したがって，夏季の屋外競技，特に，長時間にわたり高強度運動を継続するような競技において，暑熱環境下で良いパフォーマンスを発揮するためには，競技特性や個人特性に合わせた暑熱環境への適切な対策や戦略が重要となる。

　国立スポーツ科学センター（以下，JISS）では，東京オリンピック・パラリンピック競技大会に向けたプロジェクト研究の 1 つとして，2015 年度から「暑熱対策に関する研究」に取り組んできた。本コラムでは，JISS で実施している競技現場での暑熱対策支援における身体冷却の実践について一部紹介する。

身体冷却の各競技への応用例（セーリング・テニス）

　競技現場においては，各競技特性に合わせたプレクーリングやパークーリングの実施タイミング，身体冷却方法の組み合わせが重要である。例えば，試合中にゲームブレイクやセットブレイクといった定期的な休憩があるテニス競技や，ハーフタイムといった一定時間の休憩があるサッカー競技においては，適度なアイススラリー摂取，クーリングベストの着用，手掌/前腕冷却の組み合わせが有効である[1)]。

セーリング

　セーリング競技は一度レース（海上）に出ると 2 〜 3 時間陸に戻れないため，船上でのレース間における冷却戦略が必要になる。

　そこで，ウインドサーフィン選手のレース間における冷却戦略として，手掌/前腕冷却，アイススラリー摂取，頸部冷却の 3 種類の冷却方法を用い，それらを組み合わせた身体冷却〔①外部冷却介入（NA 条件：頸部冷却＋手掌/前腕冷却），②外部冷却と内部冷却の組み合わせ（NAS 条件：頸部冷却＋手掌/前腕冷却＋アイススラリー摂取）（図 1），③冷却なしのコントロール条件（CON 条件）〕が深部体温や温熱感覚などに与える影響を検討した。

　その結果，レース間の身体冷却介入による深部体温の低下度合いは，CON 条件と比べて，NA，NAS 条件間で大きな差は認められなかった。一方，温熱感覚は NA 条

図 1　船上での冷却実施の様子（NAS 条件）
（文献 1 より転載）

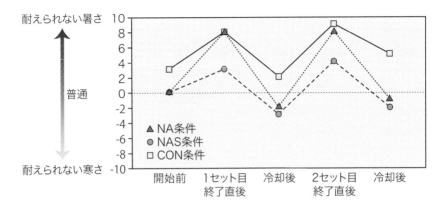

図2　各条件下における温熱感覚の変化
NA 条件：頸部冷却＋手掌/前腕冷却，NAS 条件：頸部冷却＋手掌/前腕冷却＋アイススラリー摂取，CON 条件：冷却なしのコントロール条件。他の条件に比べ，NAS 条件では温熱感覚が軽減した。（文献4より引用）

件で 10 ポイントの低下，NAS と CON 条件で 6 ポイントの低下が見られたが，NAS 条件は最も低い−3 まで低下した（図2）。このように頸部冷却，手掌/前腕冷却，アイススラリー摂取を組み合わせることで，温熱感覚が軽減することが確認された。

　海上において，風がある環境下では自然と身体外部冷却が行えるが，外気温が高く風速が弱い気象条件下では，高体温となるリスクが高くなる可能性があるため，上記のような船上で実施可能な身体冷却方法の組み合わせが有用である。

テニス

　テニスは 4 大大会のうち，全米・全豪オープンでは外気温が 35 ℃ 以上に達することが多く，酷暑下でプレーしなければならない。テニスはゲームブレイクやセットブレイクがあり，プレクーリングとパークーリングそれぞれの実施が可能である。JISS では運動前やブレイク時に効果的な身体冷却について検証するため，実際の屋外テニスコートで模擬試合を行い，試合中の身体冷却が生理学的指標と運動パフォーマンスに及ぼす影響を検討した。テニス選手 8 名（男子 4 名，女子 4 名）を対象に，表 1 のように 4 種類の冷却介入を行った。

　その結果，試合前の深部体温（胃腸内温度）は BINE 条件（図 3）が最も低値を示し，L-BINE 条件，VEST 条件も 0.5 ℃ 程度の低下が確認された（図 4A）。また，試合中の深部体温は CON 条件では 39℃ 程度まで上昇すること，ブレイク時に身体冷却を実施するとその上昇が抑制されることがわかった。冷却介入を行った 3 条件は，深部体温上昇の抑制に有用であることが確認された（図 4B）。しかし，ブレイクごとにアイ

表 1　冷却介入の内容

冷却介入	ウォーミングアップ （30 分）	休　憩 （20 分）	ゲームブレイク （90 秒）	セットブレイク （120 秒）
CON	自由飲水	自由飲水	自由飲水	自由飲水
BINE	アイススラリー 200 g	アイススラリー 200 g ＋クーリングベスト	アイススラリー 100 g ＋クーリングベスト	アイススラリー 100 g ＋クーリングベスト
L-BINE	アイススラリー 100 g	アイススラリー 100 g ＋クーリングベスト	クーリングベスト ＋自由飲水	アイススラリー 100 g ＋クーリングベスト
VEST	自由飲水	クーリングベスト ＋自由飲水	クーリングベスト ＋自由飲水	クーリングベスト ＋自由飲水

CON：コントロール，BINE：アイススラリー摂取とクーリングベストの使用，L-BINE：BINE と同様だがアイススラリーを 400 g までに制限，VEST：クーリングベストの使用

図 3　ブレイク時の冷却実施の様子（BINE 条件）
（写真は JISS より提供）

ススラリー摂取とクーリングベスト着用を組み合わせた BINE 条件は，深部体温を低下させすぎた可能性がある。また，BINE 条件を行った選手は試合中に膨満感や胃腸の不快感を訴えた。加えて，試合時の総移動距離は 4.5 ～ 5.0 km で 4 条件とも同様であったが，CON および BINE 条件では 3 セット目で中高強度割合が低下した。一方で，L-BINE 条件ではその低下が認められず，中高強度の運動能力は維持された。以上をふまえると，L-BINE 条件のようにクーリングベストは着用し，アイススラリーの量を適度に調節することが望ましいかもしれない。

　競技現場での実践には各競技の多種多様なルールや設備に応じる必要があり，個人の

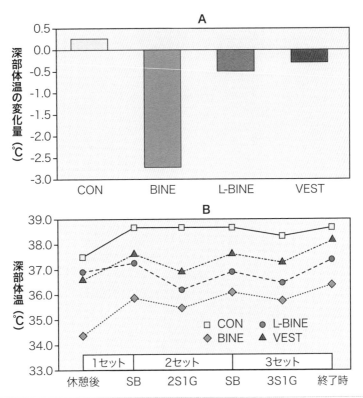

図4　各条件における深部体温（胃腸内温度）の測定開始時から試合開始前までの変化量（A）と模擬試合中の変化（B）
SB：セットブレイク，2S1G：2セット目ゲームブレイク，3S1G：3セット目ゲームブレイク
（文献2より引用）

好みも影響するため，事前に練習などでそれぞれの方法を試し，カスタマイズすることが望ましい。

競技現場での冷却剤の凍結と保冷

　屋外の炎天下の環境では，アイススラリーやクーリングベストの冷却剤の凍結や保冷が難しいことも多い。冷却剤の凍結は，競技現場では宿舎の冷凍庫を用いて行うが，宿舎の冷凍庫は小さく，冷却能力の弱さが懸念される。そのため，冷却剤を多く使用するチーム競技などでは，あらかじめ大型の冷凍庫（図5A）を借用しておくことが望ましく，それを宿舎に設置する許可も併せて取得しておくことが必要である。ミキサーやスラリーマシンで作製したアイススラリーの保冷には，魔法瓶（図5B）の利用が望ましい。また，市販のアイススラリーやスポーツドリンク，水，クーリングベストの保冷には，

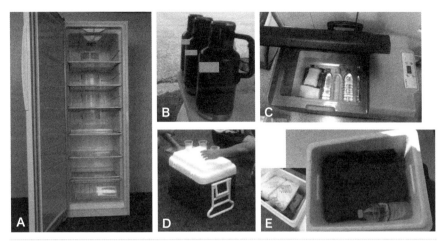

図 5　競技現場での冷却剤の凍結と保冷の方法
A：2020 年全豪オープンでの支援時に使用した大型冷凍庫（約 200 L），**B**：魔法瓶，**C**：ポータブル冷凍庫，**D**：クーラーボックス，**E**：ドライアイスを下に敷き，クーリングベストを保冷する方法。(文献 1, 3 より引用)

充電式のポータブルの冷凍庫(図 5C)やクーラーボックス(図 5D)の利用が可能である。チーム競技でロッカールームやクラブハウスを使用できる場合には，そこに大型冷凍庫を設置してもよい。競技時間が 1 時間を超える場合には，クーラーボックスではアイススラリーや冷却剤の冷凍状態を維持できないこともあるため，ドライアイスの活用も有用である（図 5E）。

文　献

1)　髙橋英幸，長谷川博，安松幹展 監：競技者のための暑熱対策ガイドブック【実践編】．国立スポーツ科学センター，2020.
2)　Naito T, Nakamura M, Muraishi K, et al.: In-play optimal cooling for outdoor match-play tennis in the heat. *Eur J Sport Sci*, 1-10, 2021(ahead of print).
3)　内藤貴司，斎藤辰哉，田島孝彦 他：テニス競技現場における身体冷却支援法の課題と戦略–2020 全豪オープンテニスでの支援を事例に．*Journal of High Performance Sport*,6: 118-128,2020.
4)　中村大輔，長谷川博，中村真理子 他：温暖環境下におけるエリート女子セーリング選手を対象としたレース間の冷却戦略が生理学的指標および主観的指標に与える影響．*Journal of High Performance Sport*, 4: 145-153, 2019.

（中村真理子，内藤　貴司）

　近年，地球環境の変化，とりわけ温暖化による夏の暑さが，スポーツ現場に大きな影響を与えており，暑さへの対策，熱中症を防いだり軽減させるための暑熱対策の重要性が年々高まっている。本コラムでは，マラソンと競歩を例に，暑熱対策を行うための気象データの活用方法を紹介する。

　マラソン，競歩とも競技時間が長いため，気象の影響が選手に少しずつ蓄積し，レース後半に大きな影響を及ぼすことになる。この気象の影響を少しでも軽減させるためには，何時頃，どの程度の気温，湿度，風速になるかという，具体的・定量的な気象の観点からのデータを事前に準備し，「具体的にどのような暑熱対策をどれくらい行ったらよいか」を検討し，判断する必要がある。また，気象データを活用して，時間帯による太陽の当たり方，日向や日陰の位置などを事前に把握し，レースプランを立てている。

　具体的には，次のようなことを実施している。

表1　定点で観測したデータの例

スタート地点								備考
時間	WBGT	気温	湿度	風向	風速	路面温度	日向/日陰	
6:00	23.2	25.9	76.3	西南西	0.8	28.2	日陰	日の出前。風向きがいつもと違う
6:15	23.4	26.1	75.9	西南西	0.7	28.8	日陰	日の出前。微風もあり心地よい
6:30	23.6	26.1	76.9	南西	0.3	29.1	日陰	6:20 日の出。雲がかかっている
6:45	24	25.8	81.1	西南西	0.2	29.3	日向	日が出て来たが薄雲がかかっている
7:00	24.8	26.6	77.8	南西	0.5	29.8	日向	6:50 から雲がとれ始め，暑さを感じ始める
7:15	26.3	27.5	74.8	南西	0.6	31.9	日向	太陽が出て来て一気に暑さを感じる
7:30	27	27.9	72.4	南南西	0.7	32.5	日向	ジリジリと来始めた
7:45	27.4	28.5	68.6	南西	0.9	33	日向	日差しの暑さを感じる
8:00	26.6	28.1	69.9	南南西	0.6	33.7	日陰	雲がかかり暑さが紛れる
8:15	25.3	28.0	69.7	西南西	1.0	34.1	日陰	場所移動。曇っているため暑くない
8:30	26.2	28.2	67.5	南西	0.7	35.8	日陰	曇っているため暑くない
8:45	26.4	28.9	64.9	西	1.2	36.3	日陰	曇っているため暑くない
9:00	26.6	29.4	62.3	西	0.8	37.6	日陰	曇っているため暑くない
9:15	27.5	29.7	61.6	西北西	0.7	38.1	日陰	曇っているため暑くない
9:30	27.8	30.3	61	西	0.6	38.3	日陰	曇っているため暑くない
9:45	28.7	30.6	58.9	西	0.3	40.7	日陰	曇っているため暑くないが，少し雲が薄くなるとジリっとする
10:00	29.5	31.7	56.0	西	0.8	40.7	日向	雲がとれると一瞬で暑くなる

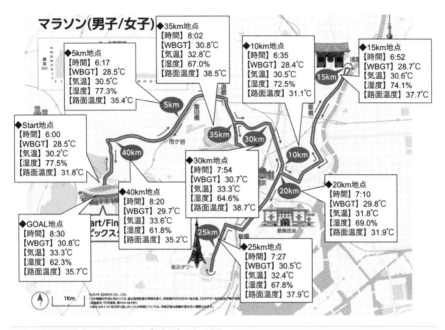

図1　各通過地点で観測された気象データの例

1）レース本番の1年前，2年前の同日・同時刻，およびレース当日の数日前に，気象観測を実施する。

2）レース本番の1年前，2年前の同日・同時刻にレースコースの動画撮影を行う。

3）レースコースにおける日向・日陰マップ，気象観点でのポイントレポートを作成する。

これらの情報をもとに，暑熱対策，レースプランを検討する。

1）レース本番の1年前，2年前の同日・同時刻，およびレース当日の数日前に気象観測を実施する

　レースに向けた万全の準備のために，気象状況を事前に把握することは重要である。レースが行われる現地に足を運び，レースが行われる日時に合わせて気温，湿度，風向，路面の温度などを計測する（表1）。

　また，マラソンでは移動を伴うため，スタート地点から観測を始め，3分30秒/kmのペースを目安に，5kmごとに気象観測を実施する（図1）。

2）レース本番の１年前，２年前の同日・同時刻にレースコースの動画撮影を行う

　レース開催の同日・同時刻に，レースコースを自動車，もしくは自転車で走行しながら動画を撮影する。これにより，日向や日陰の位置，時間ごとの変化を視覚的に把握することができ，より実際的なレースプランを検討したり，イメージトレーニングをすることができる（図2）。

図2　動画の共有の例
各区間の動画を撮影したら，選手が簡単に視聴できるように共有する。

図3　マラソンコースの気象観点でのポイントレポートの例

3) レースコースにおける日陰・日向マップ，気象観点でのポイントレポートを作成する

　気象を観測し，コース動画を準備できたら，選手やスタッフがそれらのデータを活用しやすいように，レポートを作成する（図3）。

　以上のように，特に夏場のレースでは，事前にデータ収集，解析，レポート作成を行い，どのような暑熱対策をどのように行うかを決め，レースプランを検討することで，熱中症を防ぐことはもちろん，レースで最高のパフォーマンスを発揮するための万全の準備となる。

（浅田佳津雄）

Part

スポーツにおける
コンディショニング

Chapter **14**

コンディション評価と
脱水レベル

はじめに

　コンディショニング（conditioning）とは，筋力や持久力などパフォーマンス発揮に直結する体力要素だけでなく，それを支える健康面の体力要素も含むすべての要素を，目的とする試合や大会で最適なパフォーマンスを発揮できるように調節していくことを指す。コンディショニングは，トレーニング計画，トレーニングの実践，トレーニング効果の見直しと改善，トレーニングの再考というPDCA（plan, do, check, act）サイクルに基づいて行う（**図1**）[20]。

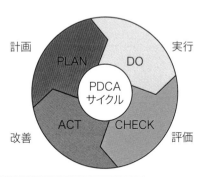

Plan	目標とする試合や大会までの期間をマクロ (数ヵ月単位), メゾ (数週単位), ミクロ (1週単位) サイクルに分け, トレーニングを計画する。体力テストを用いてコンディションの現状を把握しておく
Do	作成したトレーニングを実行する。トレーニング強度, 量, 疲労の蓄積など問題となる点がないかについてもモニタリングし, 修正が必要であれば適宜行う
Check	Plan で用いたテストと同様のテストを行って, トレーニング効果を検証する。チームスポーツではチームの評価と, 個人の評価の双方の視点から効果の確認を行う
Act	Check で得られたデータから, さらなるコンディション向上のための策をとる。また, コンディションの向上が認められない場合は, その要因を明らかにする必要がある

図1　コンディショニングにおける PDCA サイクル

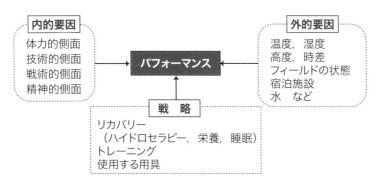

図2　パフォーマンスに影響を及ぼす要因とリカバリー戦略の位置づけ
内的要因はアスリート自身にかかわる項目である一方，環境などの外的要因はコントロールすることが難しい。そこで，パフォーマンスを高めるために様々な戦略を用いる。(文献12より作図)

　コンディショニングを効果的に行うためには，コンディショニングに影響を与える要因について理解する必要がある。コンディショニングに影響を及ぼす要因には内的要因（フィジカル，メンタル，スキルなど）と外的要因（環境など）があるが[12]，これらの中でも環境要因はコントロールすることができない（**図2**）。
　一方，コンディショニングを行うためには，日々の**コンディション評価**も重要となる。なぜなら，コンディション評価に基づいてその日のトレーニング負荷やリカバリー戦略を検討しなければならないからである。コンディション評価の指標は，客観的項目（体重，起床時や運動時の心拍数，血中乳酸濃度，血液や唾液中のホルモンと免疫系の指標[16,19]，筋損傷マーカーなど）と主観的項目（主観的な疲労感や気分，ケガの状態，内科的な身体の不調など）に分類することができる[17]。
　近年は，技術の進歩によって，客観的・主観的両方の指標の計測，解析が簡単にできるようになった。携帯型端末機器（携帯電話やタブレット機器など）を用いた主観的コンディション評価は，いつでもどこでも行うことが可能であり，その解析結果はコーチやドクターに瞬時に共有される。また，スマートフォンやスマートウォッチで心拍変動や睡眠状況を計測することも可能であり，アスリート自身がコンディションのモニタリングを行う環境が以前と比べて格段に進歩している。これらのツールを利用して日々のコンディション評価を行い，トレーニング負荷を決定する際の情報の1つとする（**図3**）[18]。

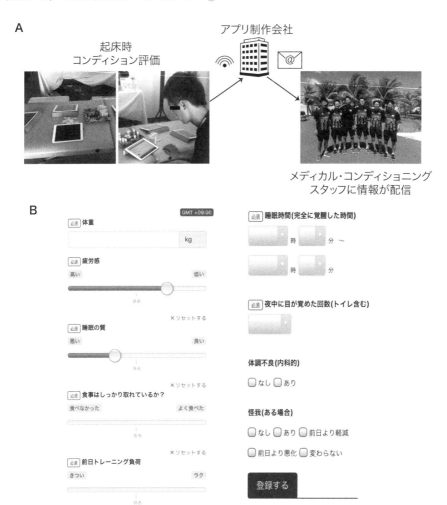

**図3　リオオリンピックサッカー代表チームにおけるコンディション評価（A）とコンディション
のモニタリングアプリの1例（B）**
A：起床時にタブレット型端末を用いて主観的コンディションを評価した。結果はメールにてメディ
カル・コンディショニングスタッフに共有される。（文献18より引用）
B：コンディションに関する項目について選手が回答するだけで，その情報がコーチやトレーナー
にも瞬時に共有される。

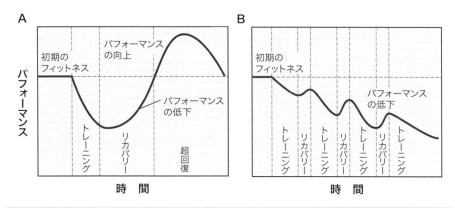

図4　理想的なコンディショニング（A）とパフォーマンスの低下を招くコンディショニング（B）
トレーニングとリカバリーが適切に行われた場合にはパフォーマンスの向上がみられるが，トレーニング後のリカバリーが不十分だとパフォーマンスが低下する。したがって，コンディショニングを適切に行うために，コンディション評価を行うことが重要である。（文献20より作図）

　これらのことから，コンディショニングにおいて重要となるトレーニング負荷やリカバリー戦略は，日々のコンディション評価をベースとして考えなければならない（**図4**）。
　本稿では，暑熱環境下のコンディショニングにおいて重要なポイントとなる脱水の評価について，体重と尿を用いた方法を解説する。

1.　脱水レベルの評価

　脱水によってパフォーマンスは影響を受ける[3, 5]（Chapter 3 参照）。運動前から脱水状態にあると，よく水分補給されている状態と比較して，深部体温が過度に上昇するリスクが高まり[8]，より早い段階でパフォーマンスが阻害される[14]。したがって，運動前に脱水レベルを評価することは大変重要である。

2.　脱水レベルを評価する指標

　脱水レベルを評価する指標は多岐に及ぶ[21, 23]（**表1**）。脱水レベルは,血液（血清・血漿浸透圧，ナトリウム濃度，ヘマトクリットなど），尿（浸透圧，尿比重,

表1　脱水レベルをチェックする方法

方　法		利　点	欠　点
複雑な方法	総体水分量	正確性，信頼性	分析が複雑，高価，基準値が必要
	血漿浸透圧	正確性，信頼性	分析が複雑，高価，侵襲的
簡便な方法	尿	早い，簡便，ふるいわけの基準として利用できる	様々な影響を受ける，タイミングが問題となる，頻度と色に関しては主観的
	体重	早い，簡便，ふるいわけの基準として利用できる	体組成の変化によって解釈が変わる
その他の方法	血液　血漿量　血漿ナトリウム量　体水分量調整ホルモン	正確性，信頼性	分析が複雑，高価，侵襲的
	生体インピーダンス法	簡便，迅速	基準値が必要，様々な要因が関係する
	唾液	簡便，迅速	個人差が大きい，科学的根拠に乏しい
	身体徴候（排便や身体のだるさなど）	簡便，迅速	主観的
	のどの渇き	確実性の高い徴候	出現が遅すぎる可能性，不十分な水分補給でもすぐに消失してしまう

（文献6より引用）

尿の色），体重，水分補給量，排便などの排泄行為の回数などで評価される。また，のどの渇きや口腔粘膜の渇き具合などがあるが，信頼性という意味ではその解釈が難しくなる。血液を用いた評価法は信頼性が高いが，技術が必要であり，経済的なコストがかかるうえ，侵襲的である（身体を傷つける）。一方，尿や体重を用いた評価法は，いくつか問題点もあるが，スポーツ現場において，血液による方法と比べて誰でも手軽に行うことが可能であり，経済的なコストもあまりない。したがって，ここでは体重と尿を用いた脱水レベルの評価法について解説する。

3.　体重による脱水レベルの評価

　体重は，実際のスポーツ現場において最も手軽で非侵襲的（身体を傷つけない）に脱水レベルを評価できる指標の1つである。一般に，体水分量は排尿，呼吸，

発汗，排便，嘔吐などによる水分損失と，飲水，食事，代謝による水分の増加によって変化する[2]。体脂肪量や筋量は，短期間で急激に増減が起こるとは考えにくく，1日や数日での体重の変動は，基本的に体水分量の変動として考えることができる[2]。1 mL の体水分損失は 1 g の体重減少と考えられ，例えば 1 kg の体重減少があれば，主に発汗によって 1 L の体水分量が失われたと考える[23]。また，体重の概日変動（1日周期での変動）は，運動後に適切な水分補給を行い，日々の摂取カロリーを同程度に保った場合，1％以内となる[2, 10]。

3.1　体重の測定

体重測定には体重計が必要である。可能であれば 50 g 精度の体重計を使用することで，体重の変化をより詳細に把握することができる。測定時の服装はなるべく軽装にし，先に排尿を済ませてから行う。起床時の体重測定では，衣服が吸収した汗の量はそれほど問題とならないが，夏場の運動後には汗が衣服に吸収され，正確な体重の変動を把握できない可能性がある。したがって，衣服による影響を極力減らすためにも，軽装または全裸で測定を行うとよい。また運動後は，汗をしっかりと拭き取り，靴下を着用せずに測定する。体重計の設置場所は，水平かつ固い場所を選び，体重計が沈むことがないようにする（**図5**）。異なる場所で測定を行うことは極力避け，毎日同じ場所で計測できる環境を整える（**表2**）。

図5　ロッカールームでの体重計の設置
平坦で，地面が固く，移動や行動の妨げとならない場所に設置する。

表2　体重測定のポイント

1	可能であれば 50g 精度の機器を使用する
2	排尿後に行う
3	全裸または極力軽装で行う
4	平坦で固い場所に体重計を置く
5	同一場所で計測する
6	汗をよく拭いてから行う
7	パソコンを利用してデータを入力しフィードバックを効率化する

3.2　体重測定のタイミング

　体重を測定するタイミングは大きく2つ，運動前後と起床時である。練習や試合前後の体重測定は，運動中の発汗量に対する水分補給量の過不足を知る手がかりとなる（図6）。起床時の測定は，体水分量の変化を1日単位で評価する指標として利用できる。起床時は，食事の影響がなく，睡眠により安静が保たれた後であることから，体重の変動に影響を与える要因が1日の中で最も少なくなるタイミングである。

図6　運動前の体重の測定と記録
運動後も同様に記録し，瞬時に脱水率を計算できるようにしておく。

3.3　評価

3.3.1　運動前後の評価

　運動後の脱水レベルの評価は，運動前の体重と比較して体重減少率（脱水率）が2%以内におさまっているかを1つの目安とする。脱水率は以下の式で算出できる。

$$脱水率 =（運動前の体重 - 運動後の体重）÷ 運動前の体重 \times 100$$

　脱水率が2%を超えると，パフォーマンス，特に持久性パフォーマンスに影響を及ぼす[5, 15]。この値を基準とすることで，運動中の水分補給量が適量であったかを判断できる。逆に，水分補給量が発汗量より多い場合は，この値はマイナスとなる。

　運動中の飲水量を規定するか記録することで，総発汗量や発汗量に対する水分補給の達成率（水分補給率）を算出することができる。また，このことから，発汗量や飲水行動に個人差があることがわかり，個人の特性に合った水分補給の重要性を理解することに役立つ。発汗量と水分補給量が等しいと，水分補給率は

100％となり，脱水率もゼロとなる。

　飲水量 = 運動中に補給した水分の量

　総発汗量 =（運動前の体重 − 運動後の体重 + 飲水量）

　水分補給率 =（水分補給量 ÷ 総発汗量）× 100

3.3.2　起床時の変動による評価

　起床時における脱水レベルの評価基準は，前日の起床時と比較して体重の減少率が1％以内におさまっているかどうかである。なぜなら，日々の体重の変動は，適切な水分と栄養の摂取によって，平均1％以内の変動でおさまると考えられているからである[2, 4]。しかし個別にみると，その変動は−1.5 〜 + 0.9％と個人差が大きい[4, 9]。このことから，個人差を考慮したうえで，1％の変動を基本とし，2％の範囲までを正常体水分量状態の指標として用いてもよい[2, 4, 5, 15]。

　体重を脱水レベルの指標として利用する際には，しっかりと水分補給がされている状態，つまり基準値（ベースライン）が重要である。基準値には，よく水分補給された状態での値が最低でも3日分あるとよい[15]。例えば，前日に3Lの水分補給を行った翌朝の起床時体重や[4]，前日に2Lの水分補給を行い，翌朝に

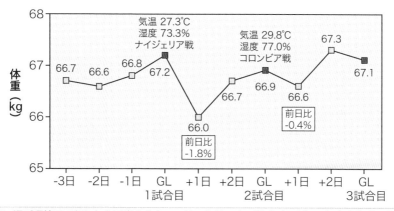

図7　温暖環境下で行われた国際大会中のエリートサッカー選手（1名）の起床時体重の変動
試合（夜開催）の翌日に，起床時の体重が前日（試合当日）の起床時の体重と比較して低下している。特に，グループリーグ（GL）1試合目翌日の体重減少量が大きくなっていた。
（文献 18 より引用）

500 mL の水分補給を行った状態での値を利用する [13]。

一方，高強度長時間の運動などによって脱水率が高くなると，正常水分状態に戻るまでに数日を要することも指摘されている [7, 22]。実際に，温暖環境下で行われたサッカーの国際試合の翌日の体重は，試合当日の同じタイミングで測定した値と比較して 2%程度低下したままであった（図 7）[17]。

4. 尿による脱水レベルの評価

尿による脱水レベルの評価には，尿比重を用いる方法と尿浸透圧を用いる方法がある [5, 15]。尿浸透圧は，スポーツ現場では簡便に測定することは難しいので，ここでは尿比重による方法を紹介する。尿比重は尿中の水分と固形成分の比率のことで，水分補給量，腎機能，尿酸，糖，たんぱくなどの影響で変化する [21]。基本的に，体水分状態が正常である時の尿比重は 1.020 以下で，薄い黄色をしている [2, 11]。

4.1　尿比重の測定

尿比重の測定法としては，分析機関への依頼，尿比重計（図 8）による測定，尿比重計測試験紙による測定，目視の 4 種類が主な方法である。分析機関に依頼すれば浸透圧がわかることもあるが，日々計測することや，フィードバックの迅速性，コストを考えると，その利点はあまりない。尿比重計と尿比重計測試験紙を用いた測定は，少量の尿で可能である。目視による方法は，Armstrong らの研究 [1] に基づいて作成されたカラーチャート（厚生労働省のホームページ https://anzeninfo.mhlw.go.jp/anzenproject/concour/2015/sakuhin5/n006.html などでも公開されている）を用いて，尿比重を判断する。トイレの目につきやすい場所に評価表をセットし，すぐに判断できるようにしておくのがよい。

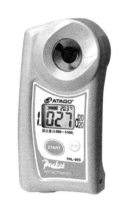

図 8　尿比重計
少量の尿で瞬時に尿比重がわかる。

4.2 尿比重測定のタイミングと変動要因

尿比重の測定は起床時に行うのがよい。体重と同様に，測定条件が最も安定しているタイミングであることがその理由である。一方，運動前など起床時以外のタイミングで尿比重を測定する場合には，食事や水分補給，運動などの影響が値を左右する可能性があるため，その解釈には注意が必要である。

4.3 尿比重の判断基準

尿比重を用いた脱水レベルの判断基準の多くは，尿比重が 1.020 以上であれば脱水，それ以下であれば正常とされている[6]。計測試験紙を用いる場合は，製品に付属の基準値に基づいて脱水レベルを判断することになる。

脱水状態であれば水分補給量を増やし，脱水状態から回復させる対策をとることが必要となるが，詳細については Chapter 7 を参照されたい。

以上，脱水の評価について，コンディショニングにおける位置づけを踏まえて紹介した。暑熱環境下におけるパフォーマンスを最適にするためにも，熱中症を防ぐためにも，日々のコンディション評価は欠かさず行わなければならない。

文　献

1) Armstrong LE, Soto JA, Hacker Jr FT, et al.: Urinary indices during dehydration, exercise, and rehydration. *Int J Sport Nutr*, 8 (4): 345-355, 1998.
2) Cheuvront SN, Carter R 3rd, Montain SJ, et al.: Daily body mass variability and stability in active men undergoing exercise-heat stress. *Int J Sport Nutr Exerc Metab*, 14: 532-540, 2004.
3) Cheuvront SN, Carter R 3rd, Sawka MN: Fluid balance and endurance exercise performance. *Curr Sports Med Rep*, 2: 202-208, 2003.
4) Cheuvront SN, Ely BR, Kenefick RW, et al.: Biological variation and diagnostic accuracy of dehydration assessment markers. *Am J Clin Nutr*, 92: 565-573, 2010.
5) Cheuvront SN, Kenefick RW: Dehydration: physiology, assessment, and performance effects. *Compr Physiol*, 4: 257-285, 2014.
6) Cheuvront SN, Sawka MN: Hydration assessment of athletes. *Sports Science Exchange*, 18: 1-12, 2005.
7) Costill DL, Sparks KE: Rapid fluid replacement following thermal dehydration. *J Appl Physiol*, 34: 299-303, 1973.
8) Garrett AT, Goosens NG, Rehrer NJ, et al.: Short-term heat acclimation is effective and may be enhanced rather than impaired by dehydration. *Am J Hum Biol*, 26: 311-320, 2014.
9) Grandjean AC, Reimers KJ, Bannick KE, et al.: The effect of caffeinated, non-

caffeinated, caloric and non-caloric beverages on hydration. *J Am Coll Nutr*, 19: 591-600, 2000.

10) Greenleaf JE: Problem: thirst, drinking behavior, and involuntary dehydration. *Med Sci Sports Exerc*, 24: 645-656, 1992.

11) Hew-Butler TD, Eskin C, Bickham J, et al.: Dehydration is how you define it: comparison of 318 blood and urine athlete spot checks. *BMJ Open Sport Exerc Med*, 4: e000297, 2018.

12) 広瀬統一, 菅澤大我：サッカーボールをつかったフィジカルトレーニング. ベースボールマガジン社, 東京：p.163, 2016.

13) Magal M, Webster MJ, Sistrunk LE, et al.: Comparison of glycerol and water hydration regimens on tennis-related performance. *Med Sci Sports Exerc*, 35: 150-156, 2003.

14) Maxwell NS, McKenzie RW, Bishop D: Influence of hypohydration on intermittent sprint performance in the heat. *Int J Sports Physiol Perform*, 4: 54-67, 2009.

15) McDermott BP, Anderson SA, Armstrong LE, et al.: National Athletic Trainers' Association position statement: Fluid replacement for the physically active. *J Athl Train*, 52: 877-895, 2017.

16) 中村大輔, 秋本崇之, 和久貴洋 他：大学サッカー選手における唾液中 SIgA を用いた上気道感染症罹患リスク把握の試み. 臨床スポーツ医学会誌, 10: 445-450, 2002.

17) 中村大輔, 中村真理子, 早川直樹：U-23 サッカー日本代表におけるコンディション評価の取り組み. トレーニング科学, 28: 153-160, 2017.

18) 中村大輔, 中村真理子, 早川直樹：第 31 回オリンピック競技大会（2016／リオデジャネイロ）および事前キャンプ中における U23 サッカー男子日本代表チームを対象としたコンディション評価–External load および Internal load の双方を用いた検討. *Journal of High Performance Sport*, 4: 176-187, 2019.

19) 中村真理子, 中村大輔, 大岩奈青 他：エリートサッカー選手における唾液中コルチゾールを用いたコンディション評価の可能性. *Journal of High Performance Sport*, 4: 71-78, 2019.

20) 尾縣　貢, 青山清英 訳,（テューダー・ボンパ 著）：競技力向上のトレーニング戦略：ピリオダイゼーションの理論と実際, 大修館書店, 東京, 2006.

21) Oppliger RA, Bartok C: Hydration testing of athletes. *Sports Med*, 32: 959-971, 2002.

22) Popowski LA, Oppliger RA, Lambert PG, et al.: Blood and urinary measures of hydration status during progressive acute dehydration. *Med Sci Sports Exerc*, 33: 747-753, 2001.

23) Shirreffs SM: Markers of hydration status. *Eur J Clin Nutr*, 57(Suppl 2): S6-9, 2003.

（中村　大輔）

Chapter 15

リカバリー

1. アスリートのリカバリー

　近年ではアスリートの疲労回復をリカバリーと称し，各競技においてハイパフォーマンスを発揮し続けるために必要不可欠なコンディショニング方法の1つと考えている。**図1**[3]のように，トレーニングなどの身体活動によってパフォーマンスレベルは一時的には低下するが，一定の期間があれば元の状態に戻る。しかし，アスリートは休息を挟んで繰り返し行われる日々のハードワークを余儀なくされているため，元の状態に戻ることを安静にして待つのではなく，一刻も早

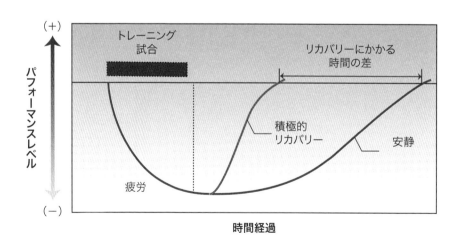

図1　アスリートにおける早期リカバリーの必要性
トレーニングや試合によってパフォーマンスレベルは下がるが，一定期間の安静があれば，パフォーマンスレベルは元に戻る。しかし，積極的なリカバリーを行うことによって，安静にしているよりも短い期間で元のパフォーマンスレベルに戻ることができる。（文献3より引用）

い疲労回復に努める積極的なリカバリー対策を実施しなければならない。

2.　戦略的リカバリーアプローチの必要性

　アスリートのリカバリーと一概に言っても，個人競技やチーム競技，コンタクトがある競技とない競技など，競技特性はそれぞれ異なるため，競技ごとに疲れる部位や疲労形態が異なることは十分予想される。また，各種身体活動に伴う生理学的な身体反応は異なるため，それらに応じたリカバリー対策に取り組まなければならない。具体的には**図2**[5]に示したように，各種生理的な反応による課題とそれに対するリカバリー対策が変わってくる。

　また，対象，タイミング，環境，シーズンなどによって，求められるリカバリー

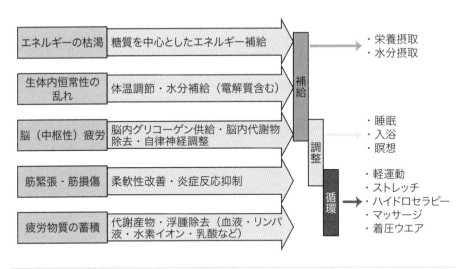

図2　各種生理学的疲労症状とそれに応じたリカバリー対策
アスリートの疲労といってもその生理学的原因は様々であるため，競技特性に応じた生理学的反応に対するリカバリー戦略を立てる。エネルギーの枯渇・生体内恒常性のアンバランスでは主に水分や栄養を補給することがリカバリーメソッドとしてはより求められ，脳（中枢性）疲労・筋損傷がある場合では睡眠や入浴などを用いてそれ以上悪化しないようにするための調整が必要になる。筋緊張や疲労物質の蓄積がある場合には，軽運動やストレッチなどによる循環が求められる。
（文献5より一部改変）

表1　スポーツ現場における戦略的リカバリー実施時の留意点

考慮する点	具体的な内容
対象	性別，年齢，身体組成
競技種目	エネルギー供給系，試合時間，筋損傷の有無
強度	疲労度合い，練習強度
環境	暑熱環境，寒冷環境，時差，標高
タイミング	運動前，運動直後，運動数時間後，運動間，シーズン
順序	複数のリカバリー方法を実施する場合の順序

（文献3より引用）

対策も異なる（**表1**）[3]。特に暑熱環境下という身体への負担が大きい中で，質の高いトレーニングを実施し，高強度の運動パフォーマンスを発揮し続けることによって，大会前や大会中にコンディションを崩し，パフォーマンスの低下に繋がっているケースは少なくない。したがって，暑熱環境下でのリカバリーアプローチは非常に重要なコンディショニング戦略となる。

　さらに，近年では最適なスポーツパフォーマンス発揮のために必要なあらゆる要素を統合してコンディショニング戦略を立てる必要性が高まっている。テーパリングとリカバリーについて数多くの研究知見や書籍を発表しているMujikaら[4]は個人競技，チーム競技ごとに各種コンディショニングポイントについて分け，かつ一般的な場合，大会前，テーパリング期，大会中，大会後などピリオダイゼーションごとに分けて考えるべきだと論じている（**表2, 表3**）。つまり，アスリートのリカバリーと言っても，1つの方法だけですべてが解決するとは考えにくいため，運動・栄養・休養すべてを網羅したうえで各競技や場面に応じた戦略的リカバリー対策をとるべきである。

3. アスリートの戦略的リカバリーの実践例

　前述したように，アスリートのリカバリー対策は，様々な条件によって実践方法が異なってくる。以下に代表的なリカバリー実践例について紹介する。

表2　個人スポーツにおけるピリオダイゼーションプラン

	一般的な準備期	専門的な準備期
トレーニング	・高負荷 ・低〜中程度の強度 ・特異性が低い混合的なトレーニング様式（例：レジスタンス，コアスタビリティ，クロストレーニング）	・中〜高負荷 ・高強度（例：レースのペース） ・高い特異性 ・特殊なトレーニング環境が含まれる場合（例：高地/暑熱順応） ・国内大会や国際大会の場合
リカバリー	・トレーニング反応と一般的な準備期の目標を最大化させるために適切なリカバリー ・最大限にリカバリーする程度に留めておく	・特に高いレベルのスキルや質の高いトレーニングをした後に特異的なリカバリー ・重要なトレーニングの準備に向けた疲労や痛みを軽減するためのリカバリー
栄養	・健康で，高負荷トレーニングで利用可能なエネルギーが不足しないよう維持しながら，理想的な身体組成に向けたエネルギー摂取 ・トレーニング中とトレーニング間のリカバリーにおける一般的なサポート（トレーニング中の栄養補給とタイミングなど） ・必要に応じて，有酸素能力に適応するための定期的な低炭水化物利用トレーニング	・トレーニングに焦点をあてた中でのエネルギーと栄養補給 ・重要なトレーニングや特異的なトレーニングにおける特定のサポート/リカバリー（例：鉄分など高負荷トレーニングの燃料） ・調整や試合に向けた身体組成の最適化 ・特定のレースにおける栄養とサプリメント戦略の実践
メンタル	・動機づけ，痛みと疲労の管理，自己認識 ・練習の目標設定，イメージ，リラクセーション/アクティベーション技術	・動きの感覚と認識のコントロール，自己効力感と感情マネジメント能力の向上 ・ビデオの使用，記録の改善，リズミカルな運動
スキル	・高負荷でより機能的である多様なスキルの繰り返し ・一貫していない可能性が高いスキルの獲得 ・アスリートのチャレンジポイントに合わせたトレーニングの調整	・特異的な練習の増加，設定した競技パフォーマンス内でのパフォーマンスの向上 ・適応力とレジリエンスを促進するための重要なスキルの積み重ね

（文献4より引用）

調整期	試合期	移行期/オフシーズン/外傷・障害
・低負荷 ・高強度 ・高い特異性	・1日または複数日の試合 ・複数のラウンドを含む場合（例：予選，準決勝，決勝）	・休息，リカバリー，修復 ・調整としてのトレーニングを含む場合(例:トレーニングの減少，クロストレーニング，クロスエデュケーション)
・調整期間中の疲労を最小限に抑えることができるリカバリー（調整に必要な時間を短縮できる） ・期間中の高強度トレーニング維持のために組み込まれたリカバリー	・疲労を最小限に抑え，競技パフォーマンスを最大限に発揮するためのリカバリーサポート ・遠征と時差ぼけによる疲労を管理するためのサポート	・身体的・精神的なリカバリー ・ケガの回復/予防のための理学療法
・エネルギー消費量の減少に伴う不要な体重増加を回避するためのエネルギー摂取量の調整 ・試合における最適な身体組成に向けた継続的なモニタリング	・1日に複数の試合が行われる場合/複数日の中に試合とリカバリーを含む場合 ・身体活動に伴う生理的要求に対して制限をかけなければならない場合の栄養補給とサプリメントの実践 ・遠征における栄養補給	・活動量の多い競技からそうでない競技まで個別性に合わせた栄養補給 ・予想される若干の体重増加 ・エルゴジェニックサプリメントは全く不要 ・必要に応じたケガの管理/リハビリテーションにおける積極的な栄養補給
・最適な覚醒状態，適度な集中，認知 ・感情のセルフコントロール ・試合に向けたルーティン，注意集中，リラックス/エネルギー発揮の合図	・信頼，柔軟性，自信 ・試合の計画，認知的再構築法，瞑想	・効果的な評価とセルフケア/修復 ・自己同一性の確立 ・新しい目標設定
・練習を続けることでトレーニング前の状態に戻ることを注意するが，過負荷な状態は軽減する ・練習条件の変化を少なくすることで，自信を高めることを可能にする（必要があれば）	・試合が1日または複数日行われる場合：今後の対戦相手のスキルに適応することに焦点をあてた反復練習	・特になし

表3　チームスポーツにおけるピリオダイゼーションプラン

	一般的な準備期	専門的な準備期
トレーニング	・有酸素性コンディショニング ・レジスタンストレーニング ・個々のトレーニングを加味したチームベースの活動 ・特異的なトレーニングを含む場合（例：高地/暑熱順応）	・試合を想定したプレー ・競技特有のスキル - 戦術トレーニング
リカバリー	・最大限にリカバリーする程度に留めておく ・レジスタンストレーニング後の冷水浴は避けた方がよい	・特定のトレーニングセッションの準備としてトレーニング中のリカバリーの増加 ・プレシーズンマッチに伴うリカバリー（例：アクティブリカバリー，冷水浴，水治療法，マッサージ，コンプレッションウェア）
栄養	・除脂肪体重の増加や体脂肪の減少などの身体組成の変化をサポートするための適切なエネルギーと栄養素の摂取 ・トレーニング中とトレーニング間のリカバリーのための一般的サポート（トレーニング中の栄養補給の戦略的タイミングなど） ・有酸素トレーニング効果を高めるための低炭水化物の利用可能性に焦点をあてたトレーニング ・暑熱下でのトレーニング中の水分補給に焦点をあてる	・準備段階からの栄養目標の継続 ・試合における栄養補給とサプリメント戦略の実践
メンタル	・動機づけ，痛みと疲労の管理，自己認識 ・練習の目標設定，イメージ，リラクセーション/アクティベーション技術 ・個々のチームへの愛着心，チームでのコミュニケーション	・動きの感覚と認識のコントロール，自己効力感の向上，感情のコントロール，学習スタイルの認識 ・ビデオの使用，記録の改善 ・選手間のコンタクト，グループディスカッションの促進
スキル	・高負荷でより機能的である多様なスキルの繰り返し ・一貫していない可能性が高いスキルの獲得 ・試合戦術が組み立てられていない状況での練習負荷	・設定したプレー内でのパフォーマンスの向上（具体的な戦術概念の練習） ・戦術学習を通して予期されるチームへの愛着心の増加

（文献4より引用）

試合期/レギュラーシーズン	試合期	移行期/オフシーズン/外傷・障害
・毎週/週2回の試合形式 ・試合からのリカバリー ・フィットネスレベルをピークに維持するためのコンディショニング ・試合のための準備	・主要な試合や通常のシーズンと同様の高いフィットネスレベルとピークパフォーマンス	・個々の調整としてのコンディショニング ・正しい手術選択やケガのリハビリ
・試合後のリカバリー（試合前の段階と同じ特定の準備） ・試合間のリカバリー（試合前の段階と同じ特定の準備）	・試合や活動後のリカバリー（試合前の段階と同じ特定の準備）	・心理的リカバリー ・ポジティブな心理状態の増加
・各選手のポジションのニーズに対応した試合前と試合中の栄養戦略とパフォーマンスサプリメント ・試合後のリカバリー ・一般的な準備期や試合前の段階で達成された身体組成の維持 ・アウェイの試合のための遠征における栄養戦略	・試合期/レギュラーシーズンと同様 ・暑熱環境を考慮	・不適切な身体組成の変化を最小限に留める ・適切な場合，ケガの管理/リハビリのための予防的な栄養
・最適な覚醒状態，適度な集中，認知的・感情のセルフコントロール，試合でのルーティン，注意集中，リラックス/エネルギー発揮の合図 ・均一性，一体性，グループイニシアティブ，協同活動の促進	・信頼，柔軟性，自信 ・試合の計画，認知的再構築法，瞑想，対人関係の構築 ・チームとしての意思決定，才能の創造的な活用に力を入れる	・効果的な評価とセルフケア/修復 ・自己同一性の確立・新しい目標設定
・試合に向けた具体的な戦術的，技術的な準備（自チームのルールや対戦相手のプレースタイルの認識の導入を含む） ・フィールド/コート外での準備（例：ビデオ視聴，批評）	・試合期/レギュラーシーズンと同様	・特になし

3.1　練習・試合後から翌日のリカバリー戦略の1例

　一般的な練習・試合後から翌日に至るまでのリカバリー戦略について，**表4**[3]に示した。運動直後には蓄積した疲労物質の除去を狙いとしたアクティブリカバリー（軽運動やストレッチング）を実施し，その後は運動によって使用したエネルギーの早期リカバリーを目的に炭水化物とたんぱく質を摂取する。なお，時間短縮のため，栄養・水分補給とハイドロセラピー（Chapter 16参照）を同時に実施できるとよい。着替えを兼ねてハイドロセラピーを実施するが，コンタクト競技など筋損傷が疑われる場合は筋ダメージの抑制を狙いとした冷水浴を，コンタクトはなくとも高強度運動であった場合には血液循環を狙いとした交代浴を実施するなど，状況に応じてハイドロセラピー方法を変更する。ただし，遠征などで試合後すぐに移動が必要な場合には，ハイドロセラピーの代わりにコンプレッションウェアで下肢への適度な圧迫を加える。ある程度時間が経過した後に，フ

表4　運動後から翌日にかけてのリカバリー戦略の1例*

運動後から	リカバリー内容	留意点	実施例
10分以内	アクティブリカバリー	最大酸素摂取量の30～60％の運動強度。スタティックストレッチ	軽運動，ストレッチング
20分以内	栄養・水分補給	体重1 kgあたり1.2 gの炭水化物と分岐鎖アミノ酸（BCAA）の摂取	スポーツドリンク，スムージー，リカバリースナック
30分以内	ハイドロセラピー（移動がある場合は代わりにコンプレッションウェア）	筋損傷，筋痛を伴う場合：アイスバス。筋損傷，筋痛を伴わない場合：交代浴	上肢へのダメージがある場合は肩まで浸かる。バスタブを冷水，シャワーを温水にする
60分以内	栄養補給	筋損傷を伴う場合はたんぱく質を多く含む，個人に合わせた炭水化物の摂取	栄養フルコースの食事
60分以降	コンプレッションウェア	夜の入浴まで着用（不快感があれば実施しない）	リカバリー用のコンプレッションウェア（下肢全体のものや下腿のみのもの）
就寝前	睡眠	入眠を妨げることをしない。筋損傷を伴う場合は就寝前の温浴はしない	温浴しない場合はシャワーのみとする。炭酸泉
翌日	アクティブリカバリー（筋損傷がある場合はアイスバス）	試合翌日の場合はリザーブの選手と分ける	軽運動，ストレッチング，マッサージ

*：暑熱環境下ではない場合の，運動直後から翌日にかけた一般的，戦略的なリカバリー方法の1例。
（文献3より引用）

ルコース型の食事を摂取し，体重あたり必要な炭水化物の摂取を心がける。その日の最後は，質的にも量的にも適した睡眠を確保するために，入浴（炭酸泉，交代浴など）を実施して就寝前の環境を整える。

3.2 暑熱環境下の練習・試合後からのリカバリー戦略の1例（表5）

　暑熱環境下における戦略的リカバリーのキーワードは，上昇した深部体温を低下させる**冷却対応**と，脱水に対する**水分補給**である。深部体温の過度な上昇は食欲低下，代謝活動の上昇，細胞障害，各種生理学的機能の低下を引き起こす。したがって，運動直後に冷却対応をして，これらの症状をいち早く沈静化させることが，運動直後から翌日に向けて各種生理学的機能を改善するために最優先事項となる。なお，従来の身体冷却としては，アイスパックを用いた腋窩動脈や鼠径動脈への冷却を実施してきたが，この方法の冷却効率は決して高くはないため，いち早く深部体温を下げるためには冷水浴を用いることが望ましい（詳細はChapter 16参照）。

　さらに，暑熱環境下の試合中・試合間に可能な限り運動パフォーマンスを低下させないよう冷却を実施するためには，深部体温，筋温，皮膚温のいずれかに着

表5　暑熱環境下における練習・試合後からのリカバリー戦略の1例

運動後から	リカバリー内容	留意点	実施例
運動直後（30分以内）	身体冷却，水分補給	運動後すばやく深部体温を冷却。電解質を多く含む水分の摂取	冷水浴（5〜15分）あるいはアイススラリーあるいは空調。摂取する水分の温度：5〜15℃
60分以内	栄養・水分補給，循環促進リカバリー	体重1kgあたり1.2gの炭水化物と分岐鎖アミノ酸の摂取。電解質を多く含む水分の摂取。座位など楽な姿勢で実施可能な循環促進させる方法	スムージードリンク，リカバリースナック。摂取する水分の温度：5〜15℃。ストレッチング，マッサージ，コンプレッションウェア
120分以内	栄養・水分補給	筋損傷を伴う場合はたんぱく質を多く含む，個人に合わせた炭水化物の摂取。電解質を多く含む水分の摂取	栄養フルコース型の食事
就寝前	睡眠を促進させるサポート	交代浴（冷却で終わる）あるいは冷水浴	バスタブを冷水，シャワーを温水にする
就寝中	睡眠導入時のエアコンの活用	睡眠導入時に体温が高くならないようエアコンを活用する	エアコンを前半（4時間程度）使用し，後半（4時間程度）使用しない

アイススラリー　　　　　　アイスアンダーラップ　　　　　冷水浴
↓　　　　　　　　　　　　↓　　　　　　　　　　　　　↓
深部体温上昇の抑制　　　　皮膚温上昇の抑制　　　　　　筋温上昇の抑制

図3　暑熱環境下における硬式テニス選手の試合時の冷却戦略
暑熱環境下の硬式テニス試合におけるリカバリーを目的とした冷却戦略の1例。試合中には深
部体温の上昇を抑制するためにアイススラリーを用い，セット間には風通しのよい場所で下肢
全体にアイスアンダーラップを巻き，皮膚温の上昇を抑制する。試合後には上昇した筋温を沈
静化し，下肢のむくみを除去するために冷水浴を実施する。

目した冷却方法を，現場で実施可能な手段を踏まえて考える。**図3**は著者が暑
熱環境下の硬式テニス試合で実施した冷却戦略である。試合中の深部体温上昇の
抑制に向けて，試合前と試合中にアイススラリーを用い，セット間には冷水に浸
したアイスアンダーラップで下肢全体を覆い，風通しのよい場所で皮膚温の上昇
を抑制する[2]。試合間は，時間が1時間以上空くことを確認したうえで，過度に
上昇した筋温の沈静化と下肢のむくみの除去を目的とした冷水浴を実施する。

　運動中に積極的な水分補給を行ったとしても，暑熱環境下で長時間にわたり高
強度運動を実施している間は限界があるため，運動後には積極的な水分補給が必
要になる。一般的には，体重減少率から考えて，発汗量と同量の水分を摂取する
ことが推奨されているが，それでは2～4時間で50～70％程度しか回復しない。
したがって，失った水分量だけではなく，その1.25～1.5倍の量の水分を2～
4時間かけてこまめに摂取することが望ましい。さらに，ナトリウムなどの電解
質も摂取しないと，逆に尿排出を促進してしまう。脱水状態によって摂取すべき
ナトリウム量は異なってくるが，体重の2.5％の脱水を引き起こした選手に対し
ては，ナトリウム約80 mmol/Lの電解質を含んだ水分を摂取することによって，
尿排泄量が低下し，血漿量が早期に回復したとの報告がある。このことを踏まえ
ると，低ナトリウム飲料（26 mmol/L以下）よりも，経口補水液のような高ナ
トリウム飲料（52 mmol/L以上）の方が尿排出量は少なく，体液のバランスを

保つことが可能になる¹⁾。なお，吸収率や飲みやすさを考えると，水分の温度は5〜15℃が推奨されている。また，最近では温度帯が約−1℃のシャーベット状の液体アイススラリーが開発され，飲料水に比べて深部体温に対する冷却効果が高いため，深部体温上昇を抑制するためにはその活用も1つの方法である。

3.3　Australian Institute of Sport における リカバリー戦略

　世界的に多くのアスリートに対するリカバリーについての研究を発信しているAustralian Institute of Sport（AIS：オーストラリア国立スポーツ科学研究所）には，研究と実践を行うリカバリーセンターが存在する。ここには，ドライエリア（ストレッチングスペース，マッサージスペース），ハイドロセラピーエリア（冷水浴，交代浴，温浴，渦流浴），ニュートリションエリア（スムージードリンク，ミニキッチン）があり，アスリートの練習後のリカバリーをワンストップで実施できる（**図4**）。また，リカバリー研究を専門とする専門家が常駐し，リカバリー

ニュートリションエリア
アイススラリー，ドリンク
ミニキッチン
ドライエリア
マッサージ，ストレッチ
ハイドロセラピーエリア
冷水浴，温浴，渦流浴

選手教育

図4　Australian Institute of Sport（AIS）リカバリーセンター
AIS には，アスリートのリカバリーを一度に行うことができるリカバリーセンターがある。リカバリーセンターはリカバリーサポートをするだけでなく，それを実践研究に活かし，最終的にはリカバリーサポートを通じた選手教育も行っている。

図5　AIS におけるリカバリーの考え方
AIS では栄養・水分補給と睡眠をリカバリーの基本とした
うえで，マッサージやハイドロセラピーなどの他のリカバ
リー方法を行うことを心がけている。

サポートからリカバリー教育までを担当している。AIS は特にリカバリーサポートを通して選手教育も担っており，リカバリーセンターにはリカバリーを啓発するための情報を記載したパネルが置かれている。また，様々なリカバリー方法がある中で，基本として重要視しているのが睡眠，栄養・水分補給であり，このベースを実施したうえで，他のリカバリー方法を行うことを推奨している（図5）。

3.4　オーバーホールを目的としたアスリートのリカバリー

オーバーホール（overhaul）は修理・改善を徹底的に行うことを意味し，スポーツであれば，シーズンや試合，合宿の終了後にリカバリーを特化して実施することを指す。著者が所属する大学は海の近くにあり，非日常を経験することができる環境に恵まれているため，アスリートに対するリカバリーに特化した「リカバリーキャンプ」を実施している。具体的には**図6**に示すように，海洋資源を用いたアクティビティ（スタンドアップパドル，フィッシング，ヨガ，ハイドロセラピー，バーベキューなど）を実施することで，心身ともにオーバーホールを行う。このように，旅行（合宿）型の非日常体験を楽しむ中で疲労回復や健康増進を図るものを**ヘルスツーリズム**と呼び，アスリートを対象とした場合は，スポーツをキーワードに様々な目的に応じた**スポーツヘルスツーリズム**となる[6]。

文　献

1）Burk L: Nutrition for recovery after training and competition. In: Burke L, Deakin V, eds, *Clinical Sports Nutrition*. 5th edition, McGrawhill, NewYork, pp.420-462, 2015.
2）笠原政志，西薗聡史，西山侑汰，他：大学サッカー選手におけるアイスアンダーラップ，アイスタオル，冷水摂取を用いたハーフタイム中のクーリングが後半の運動パフォーマンスに及ぼす影響．日本アスレティックトレーニング学会誌，4(2): 163-169, 2019.

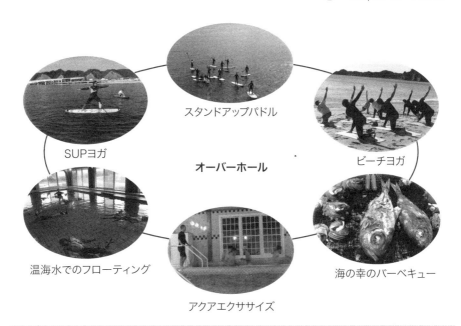

スタンドアップパドル

SUPヨガ

オーバーホール

ビーチヨガ

温海水でのフローティング

海の幸のバーベキュー

アクアエクササイズ

図6　ツーリズム型リカバリーキャンプ
シーズン後や合宿後など，オーバーホールを目的としたツーリズム（旅行型）リカバリーキャンプで，非日常体験の中で疲労回復や健康増進を図る。SUP：スタンドアップパドル。

3）笠原政志，山本利春：アスリートにおける戦略的リカバリー，トレーニング科学，28(4): 167-174, 2017.
4）Mujika I, Halson S, Burke LM, et al.: An integrated, multifactorial approach to periodization for optimal performance in individual and team sports. *Int J Sports Physiol Perform*, 13: 538-561, 2018.
5）山本利春：アスリートにおける戦略的リカバリー．臨床スポーツ医学，34: 1110-1117, 2017.
6）山本利春，笠原政志：アクアコンディショニングの理論と実際−3R（リコンディショニング，リカバリー，リラクセーション）への活用．*Strength & Conditioning Journal*, 24(9): 2-6, 2017.

（笠原　政志，山本　利春）

Chapter 16

ハイドロセラピー

1. ハイドロセラピーとは

　海に囲まれた日本においては，昔からハイドロセラピー（水治療法）がコンディショニング方法の1つとして用いられている。ハイドロセラピーは主に入浴方法のことを指し，温浴，冷水浴，交代浴が代表的な手法となる。

　温浴は36〜42℃の温度帯で行われ，38℃前後が微温浴，40℃前後が狭義の

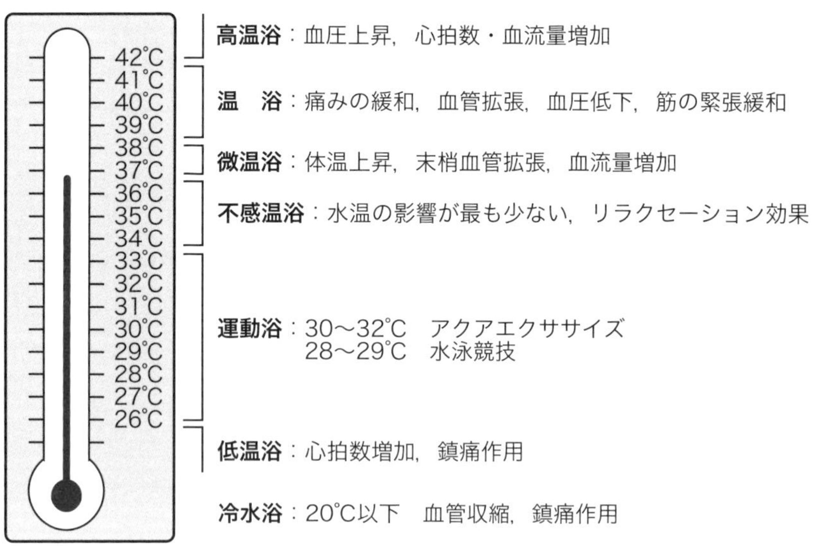

高温浴：血圧上昇，心拍数・血流量増加

温　浴：痛みの緩和，血管拡張，血圧低下，筋の緊張緩和

微温浴：体温上昇，末梢血管拡張，血流量増加

不感温浴：水温の影響が最も少ない，リラクセーション効果

運動浴：30〜32℃　アクアエクササイズ
　　　　28〜29℃　水泳競技

低温浴：心拍数増加，鎮痛作用

冷水浴：20℃以下　血管収縮，鎮痛作用

42℃
41℃
40℃
39℃
38℃
37℃
36℃
35℃
34℃
33℃
32℃
31℃
30℃
29℃
28℃
27℃
26℃

図1　水温が身体に及ぼす生理学的作用
体温と同じ35〜36℃は不感温度帯といい，最もリラックスしやすく，それより高くなると疲労回復を狙った温度帯となるが，42℃以上は逆に交感神経を促進させて疲労回復に適した温度帯とはならない。また，水中でエクササイズを行う場合は28〜32℃で実施し，これも疲労回復に適す温度帯ではない。

温浴，42℃以上が高温浴になる。それぞれの温度帯によって生じる生体反応は異なり，微温浴では体温上昇，末梢血管拡張，血流量増加，狭義の温浴では痛みの緩和，血管拡張，血圧低下，高温浴になると血圧上昇，心拍数・血液量増加になる。このように，温浴といっても温度が2℃前後変わることで生体反応は異なるため，何を狙いにするかによって微妙な温度調整が必要である。一方，冷水浴は20℃以下で行われ，血管収縮，鎮痛作用をもたらす。温浴と冷水浴を組み合わせた交代浴は，温浴にて血管拡張，冷水浴にて血管収縮を促し，これらを交互に実施することで血液循環を促進することを狙いとした入浴方法である。なお，35℃前後は体温に近く，副交感神経を刺激し，**リラクセーション**に最も適した温度帯である[16]（**図1**）。

2. 冷水浴（アイスバス）

暑熱環境下では，体温調節の中でも，体温の過度な上昇を抑制することが求め

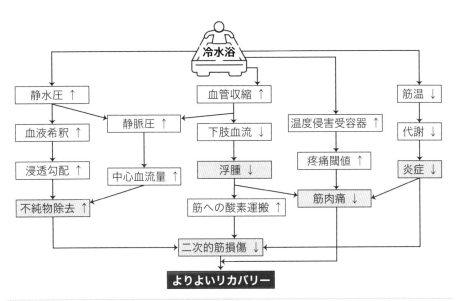

図2　冷水浴による運動性筋ダメージ減少メカニズム
身体が冷水に曝露されることで，筋温・深部体温が低下，温度侵害受容器の閾値が上昇，血管が収縮し，静水圧がかかる。これにより様々な身体反応が生じ，結果として炎症や筋肉痛が抑制され，浮腫が軽減し，不純物が除去され，よりよいリカバリーとなる。

られ，その手段となるのがハイドロセラピーの中の**冷水浴**である。

　冷水浴による身体的な反応は，血管収縮，筋温・深部体温低下，疼痛閾値の上昇，水圧による身体圧力などである。その結果，代謝活動の低下，疼痛の軽減，筋肉痛の抑制などが起こり，応急手当から各種リカバリーなど幅広い用途に活用できる[8]（**図2**）。

2.1　熱中症の応急手当を目的とした場合

　暑熱環境下で予防のために対策すべき代表的な疾病は熱中症である。熱中症への対策の1つは，上昇した深部体温をいち早く低下させることである。深部体温を低下させるための冷却効率に関する数多くの研究論文をまとめた Casa らの報告[2]によると，これまで日本で身体冷却法として推奨されていたアイスパックを用いた頸部や鼠径部の冷却は冷却効率が最も低く，最も冷却効率が高いのは

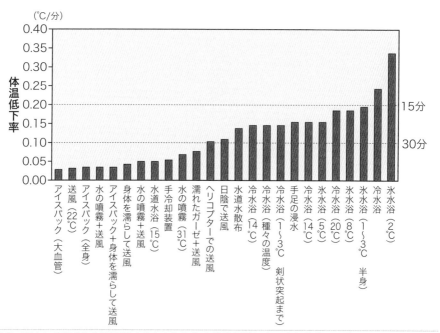

図3　過去に公表された研究論文をもとにした身体冷却法による冷却効率の一覧
30分以内に42℃から39℃まで体温を下げるためには，0.10℃/分以上の体温を低下させる冷却方法が必要である。0.20℃/分の体温を低下させれば，15分以内に39℃まで体温を低下させることが可能である。0.10/分以上の体温低下を示す冷却方法は，水道水散布方法の1件を除いてすべてが冷水浴である。（文献2より一部改変）

表1　深部体温1℃低下にかかわる冷水浴の各要素（冷却効率にかかわる研究論文のまとめ）

	(℃/分)	冷却効率*（℃/分） （95%信頼区間）	1℃低下させる時間**（分） （95%信頼区間）
深部体温	≦39℃	0.06 (0.05-0.06)	18 (16-21)
	39〜40℃	0.17 (0.13-0.22)	6 (5-8)
	>40℃	0.20 (0.18-0.23)	5 (4-6)
水温	≦5℃	0.21 (0.17-0.25)	5 (4-6)
	5〜10℃	0.13 (0.09-0.18)	8 (6-11)
	>10℃	0.08 (0.07-0.09)	13 (11-15)
冷却時間	≦10分	0.12 (0.08-0.15)	9 (7-12)
	10〜20分	0.10 (0.08-0.11)	10 (9-12)
	>20分	0.04 (0.03-0.05)	24 (21-29)
浸水範囲	下肢〜体幹部まで	0.13 (0.11-0.15)	8 (7-9)
	前腕あるいは手	0.05 (0.04-0.05)	22 (20-24)

*：1分の冷水浴曝露によってどの程度の冷却効果がみられるか，**：1℃低下させるために浸水する必要がある時間。
（文献17より一部改変）

冷水浴（2℃）であることが示されている（**図3**）。諸外国では，熱中症が疑われる場合に冷水浴による深部体温の冷却を推奨しているが，深部体温の過度な低下（35℃以下）は低体温症を引き起こす可能性があるため，過剰な冷却は危険である[3]。Zhangら[17]は最適な冷水浴処方につなげるために，冷水浴による深部体温低下に関する研究データをまとめた結果，**表1**のように各種条件（深部体温，水温，冷却時間，浸水範囲など）による冷却効果の違いについて明らかにしている。したがって，暑熱環境下では深部体温をいち早く低下させることが可能である冷水浴を実施できる環境整備をすることが望ましいが，過度な冷却の危険性があるということを念頭においたうえで，深部体温，冷却時間，水温，浸水範囲などを考慮した実施が求められる。

2.2　身体的疲労のリカバリーを目的とした場合（図4）

　冷水浴は，筋損傷がある場合，高強度運動を行った場合，スプリントなどで爆発的パワーを発揮した場合，持久系運動を行った場合などに幅広く活用されている[7]。これは，冷水浴による冷却効果と静水圧が，身体の代謝活動を低下させ，筋肉痛を抑制し，その結果として翌日の運動パフォーマンス改善に寄与するから

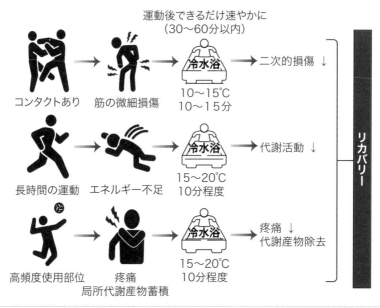

図4　身体的疲労のリカバリーを目的として冷水浴を行う場合
コンタクトスポーツによる筋の微細損傷がある場合には，冷水浴によって，それに伴う二次的損傷を抑制することができる。長時間運動後にエネルギー不足がある場合には，冷水浴により代謝活動を下げることができるので，余分なエネルギー消失を防ぐことができる。高頻度使用部位に局所の疼痛や代謝産物がある場合には，冷水浴により疼痛を抑制し，代謝産物除去を促進できる。

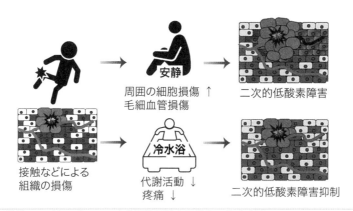

図5　組織ダメージから生じる二次的損傷予防を目的とした冷水浴
接触などにより身体組織にダメージがある場合には，安静にしておくと，損傷した組織からの出血などにより周囲の組織に損傷が引き起こされる。さらに毛細血管の損傷もあると，他の細胞に十分な酸素が供給されず，損傷部位が拡大する。冷水浴によって，この損傷部位の拡大を抑制することができる。

である。特に，コンタクトスポーツなど身体接触を伴う場合には，筋ダメージが生じ，組織自体の損傷だけでなく周辺組織への二次的損傷によって，筋力や柔軟性などの回復に時間を要する。このような状況をいち早く改善するリカバリー手段として有効に働くのが，冷水浴である（**図5**）。

さらに，筋収縮様式について考えると，短縮性収縮のみの活動よりも，**ストレッチ・ショートニング・サイクル**（stretch shortening cycle：SSC）タイプの筋活動の方が筋収縮不全を引き起こしやすく，冷水浴によるリカバリー効果も高い。また，荷重負荷のかかる活動は，荷重負荷のかからない活動よりも冷水浴のリカバリー効果は高い[10]。

以上のことから，コンタクトスポーツのような身体接触による筋損傷が疑われる場合や，体重移動を伴う激しいSSCタイプの活動のリカバリーとしては，冷水浴が有効である。

2.3　中枢性疲労のリカバリーを目的とした場合（図6）

試合後は，試合中に高まった交感神経をいち早く沈静化させ，ストレス環境をコントロールすることが求められる。特に暑熱環境下では，最も気温が高くなる

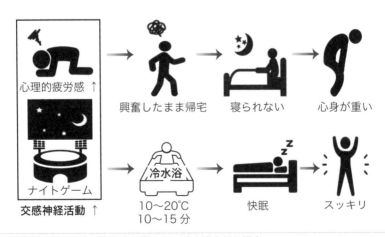

図6　中枢性疲労のリカバリーを目的として冷水浴を行う場合
ナイトゲームや心理的疲労感が強い場合には，交感神経が強く働き興奮状態にあるため，睡眠の質と量が十分にとれない。その結果，脳（中枢）のリカバリーが十分にできず，翌日に疲労感を感じやすく，正しい認知判断ができなくなる。冷水浴を実施することで，上昇した体温を抑制し，交感神経を沈静化させ，睡眠の質と量を確保することができる。

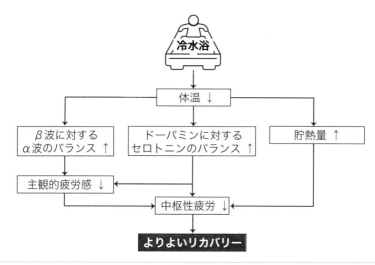

図7　冷水浴による中枢性神経疲労回復のメカニズム
身体を冷水に曝露することによって，体温が下がり，貯熱量に余裕ができ，その結果として自
覚的疲労感に影響するα波とβ波のバランス，ドーパミンとセロトニンのバランスがよくなり，
中枢神経系が回復する。（文献8より引用）

　日中を避けて夕方以降に試合が実施されることがあるため，試合後から就寝まで
の時間が短くなり，睡眠困難を有する選手は少なくない[9]。睡眠は認知判断能力
を司る脳の疲労を改善する唯一の手段であるため[6]，睡眠導入に向けて，試合直
後からの**中枢性疲労**に対するリカバリーが必要不可欠である。
　冷水浴は，セロトニンとドーパミン比率，α波とβ波の比率のバランスを調整
し，自律神経のリカバリーに対する一助となる（**図7**）[8]。実際 Stanley ら[13]は，
高強度インターバルトレーニングセッション後の20分間冷水浴が，冷水浴を実
施しない場合に比べて，3時間を通してより高い副交感神経活動を誘発すること
を示している。また，de Oliviera Ottone ら[4]はレジスタンストレーニングと
エンデュランストレーニング直後に15℃，28℃，38℃の入浴を10分実施した
後の副交換神経の活動を調査したところ，38℃の場合は副交換神経の活性化に
はならないのに対して，15℃の場合は加速的にその活動を活性化させたと報告
している。したがって，暑熱環境下の試合後に最適な睡眠を確保するための手段
として，冷水浴は有用であると考えられる。

2.4　冷水浴の実施

2.4.1　冷却温度

　冷水浴を用いたリカバリーに関する知見[11,15]を総合すると，冷却温度は 10 〜 15℃が最も有用と考えられるが，現実的には 20℃以下が推奨される。なぜなら，冷水浴は 20℃以下を指し，実際 20℃の冷水浴実験でもポジティブな報告を散見する。また，特にスポーツ現場において 10 〜 15℃の温度帯を維持するためには大量の氷などが必要であること，そして国内にある銭湯など大衆浴場にある水風呂と称する浴槽の温度帯は 17 〜 18℃であることが多いことを考えると，それを有効活用すべきだからである。

　冷却効果による身体への影響は，**身体組成**によって変わる。Stephens ら[14]は冷水浴（15℃），温浴（38℃），安静条件における深部体温と筋温の変化について，体脂肪と身体密度が低い群と高い群で比較したところ，温浴と安静条件では両群で有意な差は認められなかったが，冷水浴では体脂肪と身体密度が低い群の方が高い群に比べて有意に体温が減少したと報告している。つまり，ラグビー選手のような筋肉質で体脂肪量も多い群の方が冷えにくく，陸上長距離選手のような細身の選手は冷えやすいため，対象に応じて冷却温度に幅をもたせることが，スポーツ現場では必要な対応になる。

2.4.2　冷却時間

　冷水浴を用いたリカバリーに関する知見[4, 11]を総合すると，冷水浴後に再び運動を実施しない場合だと，冷却時間は 10 〜 15 分が最も有用である。ただし，冷却温度の項でも紹介したように，細身の選手などは 10 〜 15℃の冷水浴に 10 〜 15 分浸水し続けることが困難な場合がある。疲労回復を目的としたハイドロセラピー研究施設である Australian Institute of Sport（AIS）のリカバリーセンターでは，リカバリーを目的とした冷水浴の実施プロトコルがあり，選手の状況に合わせた入浴方法を紹介している（**図8**）。また，冷水浴と温浴を用いたリカバリーを目的とした交代浴では，2 分温浴と 2 分冷水浴を交互に 4 〜 5 セット繰り返し，最後は冷水浴で終わることを推奨している（**図9**）。

パターン 1 : 冷水浴に抵抗がない者

渦流浴 (28℃) 5 分
(ウォーキング,
スイミング)

冷水浴 (15℃) 10 分

パターン 2 : 冷水浴が苦手な者

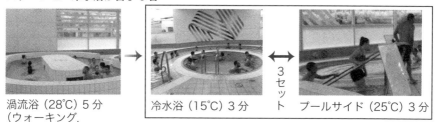

渦流浴 (28℃) 5 分
(ウォーキング,
スイミング)

冷水浴 (15℃) 3 分

3
セット

プールサイド (25℃) 3 分

図 8　Australian Institute of Sport (AIS) における運動後のリカバリーを目的とした冷水浴プロトコル
冷水浴を活用したリカバリー方法として, AIS では 2 つの方法を推奨している。冷水浴に抵抗がない者 (身体密度が大きい場合や暑熱環境時など) は渦流浴で身体を水に慣らしてから 15℃の冷水に 10 分浸かる。冷水浴に抵抗がある者 (身体密度が小さい場合や暑熱環境でない場合など) は渦流浴で身体を水に慣らしてから 15℃の冷水に 3 分実浸かることを, 合間に休息を挟んで 3 回繰り返す。

温浴 (38℃) 2 分

4
〜
5
セット

冷水浴 (15℃) 2 分

留意点
・最後は冷水浴で終わる
・交代浴の前に水分補給をしっかり行う
・筋にダメージがあるような場合は冷水浴を 5 分程度にする

図 9　AIS におけるリカバリーを目的とした交代浴プロトコル
AIS が推奨する方法では, 38℃の温浴を 2 分実施し, 15℃の冷水浴を 2 分実施する。これを 4 〜 5 セット繰り返し, 最後は冷水浴で終わるようにする。

表2　冷水浴実施タイミング別のポイント

	運動間	運動直後	帰宅後
温度	10〜20℃	10〜20℃	15〜20℃
時間	5分以内	5〜15分	10〜15分
浸水部位	高頻度使用部位	肩まで（少なくとも腰部まで）	肩まで（少なくとも腰部まで）
留意点	冷やしすぎに注意	出血時は不可。可能な限り実施	交代浴（温シャワー2分・冷水浴2分×4セット）でも可

運動間：試合中や試合間，運動直後：練習，試合後，帰宅後：就寝前。

2.4.3　冷水浴のタイミング

　通常，冷水浴は，練習や試合の後にできる限り早く実施することが望ましい。Brophy-Williams ら[1] によると，運動3時間後と直後に冷水浴を行った場合，何もしなかった場合における翌日の運動パフォーマンスを比較した結果，直後に行った場合は何もしない場合と比較して有意に翌日の運動パフォーマンスが高値を示した。さらに，直後に行った場合の方が炎症反応を有意に抑えられていた。したがって，できる限り運動直後に冷水浴を実施することが望ましい。

　ただし，サッカーやラグビーなど，ハーフタイムによって前後半に分けられている競技における運動間の冷水浴には，注意をしなければならない。藤田ら[5] が，サッカーのハーフタイムを想定し，激運動後に10分の冷水浴を実施した後に再び激運動を実施した結果，30mスプリントと垂直跳び跳躍高の有意な低下が示された。これは，冷水浴によって筋温が低下しすぎてしまい，その結果として無酸素性パフォーマンスが低下したと考えられている。なお，リカバリーに関するハイドロセラピーをレビューした Versey ら[15] も，実施後45分以内に次の運動がある場合は，リカバリープロトコルの冷水浴を推奨していない（表2）。

2.4.4　入水範囲

　冷水浴は，冷却効果に加えて，静水圧が身体に加わることにより，代謝産物を除去したり二次的筋損傷を抑制したりする可能性がある。したがって，これら2つの効果を得ることを考えるのであれば，肩まで浸水する方が望ましい。静水圧は，次の式で求めることができる。

$$静水圧 = 水の密度（1,000\,kg/m^3）× 重力加速度（9.8\,m/s^2）× 水深（m）$$

　水深が深くなるほど，静水圧は高くなる。したがって，立位で行う方が，足部（末梢）により高い静水圧がかかるため，望ましい。

2.4.5　冷水浴の実施方法

　スポーツ現場での冷水浴は，国内では**表 3**のような方法が可能である。簡易型水槽はビニール性で軽く，持ち運びが簡易であるが，同時に 1 人しか使用することができず，また耐久性が乏しいのが難点である。ポリバケツと大型コンテナは安価な方法であるが，深さがないため，下肢しか冷却することができない。子ども用プールは，簡易型浴槽に比べて，複数人が同時に冷水浴を実施することが可能であり，収納もしやすいが，深さがないため，全身を冷却するには十分ではない。組み立て式大型タンクは，災害時に大量の水を貯めるために作られた耐久性のあるタンクであり，ある程度の深さがあるため，複数人が同時に使用し寄りかかることも可能であるが，他に比べると高価である。現場が学校でプールの洗い場があれば，そこに必要な高さまで水を入れて複数人を同時に冷却することが可能になる。

2.4.6　冷水浴実施時の留意点

　冷水浴は，これまで述べた点を踏まえて実施することで，有効に活用できる。しかし，習慣的な冷水浴は，筋力トレーニング効果を妨げることがある点に注意

表 3　スポーツ現場で実施可能な冷水浴の方法

方　　法	持ち運び	重　量	複数人での使用	耐久性	費　用
簡易型水槽	◎	◎	×	×	◎
ポリバケツ	◎	◎	×	△	◎
大型コンテナ	○	◎	×	△	◎
子ども用プール	○	○	○	△	○
組み立て式大型タンク	○	△	○	○	△
学校プールの洗い場	×	×	◎	◎	◎

◎：十分なメリット，○：メリット，△：ややデメリット，×：デメリットもしくは実施不可。

が必要である。Roberts ら [12] は，3 ヵ月間，筋力トレーニング後に軽運動を実施する群と冷水浴を実施する群で比較した結果，習慣的な冷水浴を実施した方が軽運動群よりも筋力トレーニング効果が有意に低かったことを示している。つまり，オフシーズンに筋肥大や最大筋力向上を目的とした筋力トレーニングを行っている場合に，習慣的に冷水浴を実施してしまうことは望ましくないことになる。

　なお，浸水部位に出血がある場合には，感染予防のため患部を止血し保護してから実施する必要がある。

まとめ

　本稿では，応急手当からリカバリーまで幅広い冷水浴の活用方法について紹介した。どのような時でもなりふり構わず冷水浴を行えばよいわけではなく，目的，温度，時間，タイミング，浸水範囲，浸水方法，留意点を網羅したうえで，最良の方法を選択すべきである。

文　献

1) Brophy-Williams N, Landers G, Wallman K: Effect of immediate and delayed cold water immersion after a high intensity exercise session on subsequent run performance. *J Sports Sci Med*, 10(4): 665-670, 2011.
2) Casa DJ, Armstrong LE, Ganio MS, et al.: Exertional heat stroke in competitive athletes. *Curr Sports Med Rep*, 4: 309-317, 2005.
3) Castellani JW, Young AJ, Ducharme MB, et al.: American College of Sports Medicine position stand: Prevention of cold injuries during exercise. *Med Sci Sports Exerc*, 38(11): 2012-2029, 2006.
4) de Oliverira Ottone V, de Castro Magalhães F, de Paula F, et al.: The effect of different water immersion temperatures on post-exercise parasympathetic reactivation. *PLoS One*, 9(12): 1-20, 2014.
5) 藤田英二，末次真啓，森崎由理江：アイスバスがサッカー競技における特異的体力テストのパフォーマンスに与える影響．日本アスレティックトレーニング学会誌，3: 45-52, 2017.
6) Fullagar HH, Skorski S, Duffieid R, et al.: Sleep and athletic performance: the effects of sleep loss on exercise performance, and physiological and cognitive responses to exercise. *Spoets Med*, 45(2): 161-186, 2015.
7) 長谷川博，山本利春 監訳：リカバリーの科学–スポーツパフォーマンス向上のための最新情報．ナップ，東京，2014.
8) Ihsan M, Watson G, Abbiss CR,: What are the physiological mechanisms for post-exercise cold water immersion in the recovery from prolonged endurance and intermittent exercise? *Sports Med*, 46(8):1095-1109,2016.

9) Juliff LE, Halson SL, Peiffer JJ: Understanding sleep disturbances in athletes prior to important competitions. *J Sci Med Sport*, 18: 13-18, 2015.

10) Leeder J, Gissane C, van Someren K, et al.: Cold water immersion and recovery from strenuous exercise: a meta-analysis. *Br J Sports Med*, 46: 588-593, 2012.

11) Machado AF, Ferreira PH, Micheletti JL, et al.: Can water temperature and immersion time influence the effect of cold water immersion on muscle soreness? a systematice review and meta-analysis. *Sports Med*, 46(4): 503-514, 2016.

12) Roberts LA, Rastad T, Muthalib M, et al.: Post-exercise cold water immersion attenuates acute anabolic signaling and long-term adaptations in muscle to strength training. *J Physiol*, 593(18): 4285-4301, 2015.

13) Stanley J, Buchheit M, Peake JM: The effect of post-exercise hydrotherapy on subsequent exercise performance and heart rate variability. *Eur J Appl Physiol*, 112: 951-961, 2012.

14) Stephens JM, Halson SL, Miller J, et al.: Influence of body composition on physiological responses to post-exercise hydrotherapy, *J Sports Sci*, 36(9): 1044-1053, 2018.

15) Versey NG, Halon SH, Dawson BT: Water immersion recovery for athletes: effect on exercise performance and practical recommendations. *Sports Med*, 43(11): 1101-1130, 2013.

16) 山本利春, 笠原政志：アクアコンディショニングの理論と実際：3R（リコンディショニング, リカバリー, リラクセーション）への活用. *Strength & Conditioning Journal*, 14: 23-27, 2017.

17) Zhang Y, Davis J, Casa DJ, et al.: Optimizing cold water immersion for exercise-induced hyperthermia: a meta-analysis. *Med Sci Sports Exerc*, 47(11): 2464-2472, 2015.

（笠原　政志）

Chapter 17

栄　養

はじめに

　暑熱環境では，代謝の変化や脱水により，疲労感の増大や食欲低下，さらには胃腸障害などが生じ，アスリートのコンディションが低下する。暑熱環境においても高いコンディションを維持するためには，栄養補給は重要である。暑熱環境下で運動を行うアスリートにおいても，主食，主菜，副菜，牛乳・乳製品，果物

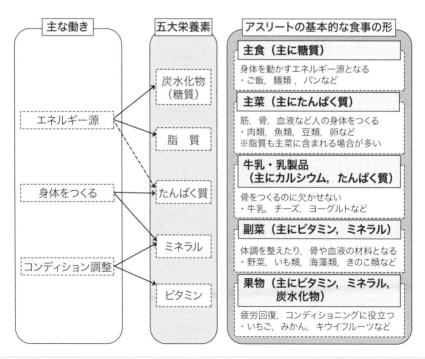

図1　五大栄養素とアスリートの基本的な食事の形
アスリートの基本的な食事の形をそろえることで，必要な栄養素を整えることができる。

がそろった基本的な食事の形をそろえることにより，五大栄養素を過不足なく摂取することが土台となる（**図 1**）。そのうえで，アスリート個人の課題に応じて，暑熱環境下のトレーニングや試合に向けた栄養・水分の補給計画を戦略的に立案することが，パフォーマンスをサポートするうえで必要となる。

　本稿では，暑熱環境下の運動に対して有効であると取り上げられている栄養素に焦点をあて，パフォーマンス向上のための推奨事項を科学的根拠に基づいて概説する。加えて，暑熱環境下の食欲低下への対策についても紹介する。

1. 暑熱環境と栄養素

1.1　糖質

　食事などにより消化・吸収された**糖質**は，1 g あたり約 4 kcal のエネルギーを産生する。生体内では，この糖質を多糖類であるグリコーゲンとして，主に肝臓と骨格筋に蓄えることができる。これらは，エネルギー基質として利用される他，血糖値の維持などに利用され，生体内では重要な働きを有する。暑熱環境下での運動時には，一般的に糖質利用が増加し，脂質利用が減少する[3]。これは，副腎髄質ホルモンであるアドレナリンの分泌が増加し，運動時のエネルギー源となる骨格筋グリコーゲン（筋グリコーゲン）の分解亢進，肝臓でのグルコース産生増加によるものとされている。運動時に推奨されている糖質摂取量のガイドライン（**表 1**）[22] は，主に運動時間，強度を中心に作成されており，環境温度はあまり考慮されていない。しかし，暑熱環境下のトレーニング時には，糖質利用の増加が想定されるため，特に糖質をエネルギー基質とする長時間の持久性競技では，糖質摂取量と体重変動を確認しながら，適切な糖質摂取量を個別に検討することが望ましい。

　長時間にわたる持久性運動では，吐き気，嘔吐，げっぷ，腹部膨満，腹痛，下痢などの**運動誘発性胃腸症候群**（exercise-induced gastrointestinal syndrome）と呼ばれる症状が生じやすい。加えて，暑熱環境下では脱水によりこの症状の発生するリスクが高い。暑熱環境下での 2 時間のランニング運動前から運動中に，糖質入りの飲料（15 g/回）を 20 分ごとに摂取させた場合，腸上皮の損傷や消化管透過性（消化管のバリア機能）の改善が認められている[21]。このように，

表1　運動時の糖質摂取量ガイドライン

a. トレーニング強度別

トレーニング強度	状　況	体重1kgあたりの糖質摂取目安量
軽度	低強度もしくは技術練習	3～5g/kg/日
中強度	1日1時間程度の運動	5～7g/kg/日
高強度	1日1～3時間の中～高強度の運動	6～10g/kg/日
非常に高強度	1日4～5時間の中～高強度の運動	8～12g/kg/日

b. 運動状況別

運動状況	運動時間	糖質摂取目安量
簡単な運動中	～45分	必要なし
持続的な高強度の運動中	45～75分	少量
持久性運動中	1～2.5時間	30～60g/時
超持久性運動中	2～3時間以上	90g/時程度

(文献22より一部改変)

暑熱環境下で運動前にスポーツドリンクやゼリー飲料など糖質を多く含む食品を摂取することにより，胃腸障害を軽減できる可能性があることからも，暑熱環境下での糖質補給の重要性がうかがえる。

1.2　抗酸化ビタミン

　激しい運動を行うと，生体内でヒドロキシラジカル（活性酸素の1つ）が発生し，細胞が傷つく。暑熱環境下では，筋温の上昇に伴い，これらの発生がさらに増加する[9]。一方，**抗酸化ビタミン**〔ビタミンCやE，カロテノイド（ビタミンA）など〕は，運動誘発性の活性酸素の増加を抑制することから，暑熱環境下の酸化ストレス（生体内における活性酸素種と抗酸化システムとのバランス）に対しても好ましい効果をもたらすようである。しかし，ビタミンCやEなどの抗酸化ビタミンの過剰摂取は，トレーニングに対する適応反応を抑制する場合があることも指摘されている[7]。以上のことから，現時点では，必要量以上の抗酸化ビタミンを摂取してもエルゴジェニック的な効果はないようである。そのため，極端なエネルギー制限やアレルギーなどでビタミンを多く含むフルーツや野菜の摂取を控えているアスリート以外は，サプリメントからではなく日々の食事で抗酸化ビタミンが豊富に含まれる食品を摂取することが望ましい（**図2**）。〔注：サ

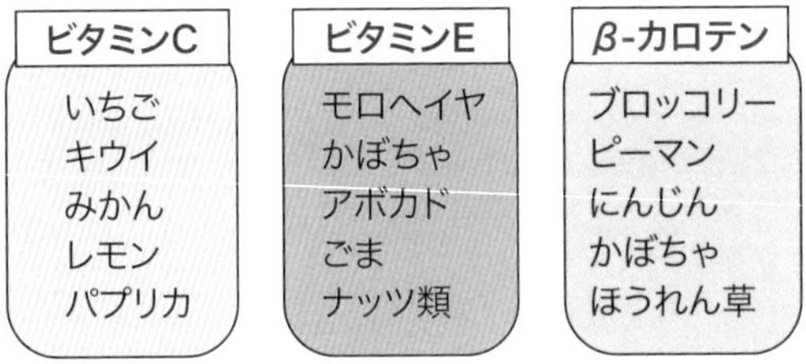

ビタミンC	ビタミンE	β-カロテン
いちご キウイ みかん レモン パプリカ	モロヘイヤ かぼちゃ アボカド ごま ナッツ類	ブロッコリー ピーマン にんじん かぼちゃ ほうれん草

図2　抗酸化ビタミン（ビタミンC, E, β-カロテン）
を多く含む食品
β-カロテンは生体内でビタミンAに変換される。

プリメントに関して，世界共通の定義は，現時点で示されていない。国際オリンピック委員会（IOC）専門家グループによるアスリートのサプリメント使用に関する合意声明[13]では，アスリートにとってサプリメントは「特定の健康状態やパフォーマンス発揮のために習慣的に摂取する食事に加え，意図的に摂取される食品，食品成分，栄養素，または非食品化合物」とされており，本稿でも同等の定義とする。〕

1.3　ミネラル

　汗中の主要ミネラルはナトリウムであり，その他にカリウム，カルシウム，マグネシウムが少量存在する。汗中のミネラル濃度は，食事，発汗量，暑熱順化の程度などによって変化する。発汗率が高いと汗中ナトリウム濃度が上昇するが，暑熱順化した場合には，ナトリウムを再吸収する能力が高まり，汗中ナトリウム濃度は低下する。

　多くのアスリートでは，ナトリウム欠乏が起こる可能性は低く，暑熱順化のための数日間を除いて，通常の食事や水分補給が十分にできていれば，必要以上のミネラルの補給は推奨されない。しかし，暑熱環境下において発汗量が多いアスリートでは，運動1〜2時間前にナトリウムを含む飲料（例：体重1kgあたりナトリウム20〜40mgと水10mL）を摂取すると，血漿量が増加し，パフォーマンスが向上することが期待できる[14]。加えて，脱水などにより筋けいれんを起こしやすいアスリートも，ナトリウム摂取を増やすことで，リスクを軽減できる可能性がある[23]。

　暑熱環境下において，運動により過度の発汗が生じているにもかかわらず，不適切な水分補給（水の過剰摂取など）を行った場合，低ナトリウム血症（血漿ナトリウム濃度 120 mmol/L 未満）が起こりうる。低ナトリウム血症は，生体内のナトリウム濃度が低下することにより脳浮腫が起こり，頭痛，吐き気，めまいなどの症状が生じ，最悪の場合，死に至るケースもある。そのため，特に長時間にわたり練習や試合を行うアスリートや発汗量の多いアスリートは，運動前から運動中のナトリウム摂取量を増加させるなど，必要なナトリウム量を摂取できるよう調整することが望ましい。

2.　暑熱環境での水分補給

　アスリートは，運動時にこまめに水分補給を行うことで，脱水を予防することができる。ただし，長時間の持久性運動中の水分補給では，腸から吸収できる水分にも上限（〜 1.2 L/時）があることに留意すべきである[18]。加えて，冷たい飲料（10℃以下）は，暑熱環境下の運動パフォーマンスを改善するため[14]，水分温度にも配慮することが必要である。

　試合前の数日を暑熱環境下で過ごす場合，適切な水分補給を行うことにより，生体内の水分量を維持する必要がある。また，運動の 2 〜 4 時間前には，体重 1 kg あたり 5 〜 10 mL に相当する水分量を摂取する[20]。適切な水分補給ができているかどうかを評価するには，体重変化，血漿浸透圧（290 mmol/L 未満），尿比重（1.020 未満）を目安にするとよい[1, 17]。併せて，主観的なのどの渇き，尿の色なども確認することは，水分補給のモニタリングに有効である。測定前の運動，食事や水分補給は尿比重に影響するため，起床時の尿を評価することが望ましい。また，体重は日々の変動が大きいため，早朝空腹時の体重を評価し，基準となる体重を把握しておくことも重要である（詳細は Chapter 7，14 参照）。

3.　暑熱対策とパフォーマンスサプリメント

　ここでは，暑熱環境下におけるエルゴジェニックエイド効果を狙ったサプリメントを紹介する。

3.1　カフェイン

カフェインは，コーヒー豆，カカオ種子などに含まれる成分であり，多くの食品（**表2**），サプリメントなどに含まれている。カフェインは，脳内のアデノシン受容体に作用し，神経

表2　カフェインを多く含む食品と含有量

飲料・食品	カフェイン含有量（mg）
コーヒー（200 mL）	89
紅茶（200 mL）	44
緑茶（200 mL）	30
ダークチョコレート（30 g）	18
エナジードリンク（250 mL）	75
コーラ（200 mL）	22

（文献4をもとに作表）

伝達物質の働きを活性化することにより覚醒作用を発揮するため，運動中の疲労感を軽減し，持久性パフォーマンスを向上させる。暑熱環境下においても中〜低用量（体重1 kg あたり3 mg まで）のカフェイン摂取は，パフォーマンスを改善することが報告されている（**図3**）[16]。

カフェインには利尿作用があるが，現時点では，アスリートが暑熱環境下の水分補給やパフォーマンスの観点から中〜低用量のカフェイン摂取を控える必要はないようである[5]。しかし，一部には，体温調節応答に対して悪影響を及ぼすなど副作用のリスクがあるとする報告もあり，妊娠中やカフェインの利用に慣れていないアスリートは，カフェインを多く含む食品やサプリメントの利用を避けるべきである。

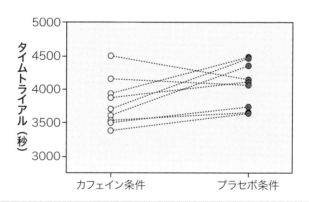

図3　暑熱環境下でのカフェイン摂取がパフォーマンスに及ぼす影響

暑熱環境下（35℃）でカフェイン条件（3 mg／kg）とプラセボ条件での自転車運動によるタイムトライアルを実施したところ，カフェイン摂取によってパフォーマンスの改善がみられた。（$p = 0.06$, $d = -0.79$）（文献16より引用）

3.2　グリセロール

　グリセロールは，体内の中性脂肪の代謝産物であり，水和性が高く，生体内で水分を保持することで脱水を軽減する効果が期待できるようである。運動前に体重 1 kg あたり水 1 g とグリセロール 25 mL を摂取することにより，運動による脱水の影響を防止または軽減できるとして提案されている[24]。これは，暑熱環境下で長時間の運動中に脱水が生じやすい一部のアスリートにとっては有益である可能性がある。ただし，グリセロール摂取はパフォーマンスを改善しないとする報告や，副作用（頭痛，立ちくらみ，吐き気など）のリスクが伴うという報告もあり[15]，現時点では利用に関して慎重に判断すべきである。

　グリセロールは，世界アンチ・ドーピング機構が定めるドーピング禁止物質から，2018 年 1 月 1 日付で削除されている。

3.3　メントール

　L- メントールは，ハッカなどの植物に含まれる精油成分であり，暑熱環境下の運動時に利用することで，息を吸う際や飲水の際に冷たく感じるといった冷感覚をもたらす。運動時にメントールで口をすすぐことによって得られる冷感により，20 km の自転車でのタイムトライアル時にパフォーマンスの改善がみられ

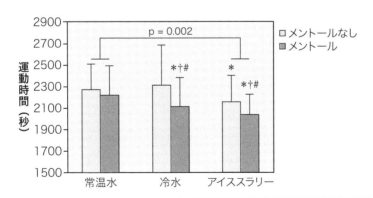

図 4　暑熱環境下の温度の異なる飲料とメントールの摂取が 20 km トライアルに及ぼす影響
暑熱環境下（30.7℃）の自転車による 20 km トライアル時のメントール（0.5%）を含む，または含まない飲料（常温水：23 ℃ ± 0.1℃，冷水：3℃ ± 0.1℃，アイススラリー：−1℃ ± 0.7℃）を摂取したところ，アイススラリー＋メントールと冷水＋メントールを摂取した条件で特にパフォーマンスの改善がみられた。（平均値 ± 標準偏差，＊：p < 0.01 vs. 常温水のみ，†：p < 0.01 vs. 常温水＋メントール，＃：p < 0.01 vs. 冷水のみ）（文献 19 より引用）

た（図4）[19]。暑熱環境下においては，体温や体重を変化させずに熱感覚や不快感を軽減し，パフォーマンスを改善する可能性がある。頻繁に使用される濃度は0.05％（0.01〜0.1％）であり，冷たい飲料とメントール利用を組み合わせるとより有益な効果が期待できるかもしれない。しかし，高濃度のメントール（2％）では，血管収縮作用により発汗反応の低下，体温上昇などの副作用が報告されている[6]。利用を検討する際は，低濃度から試し自分の体質に合うかどうか慎重に検討する必要がある。

4. 運動後の水分補給や補食

　暑熱環境下の運動後には，大量の発汗により脱水状態となるアスリートがみられる。その場合は，できるだけ早く体水分量を正常な状態に戻すことが望ましい。運動後の水分補給としては，ナトリウムを含む飲料を摂取することにより，尿量を最小限に抑え，血漿量を増加させることが重要である[14]。飲水量の目安としては，運動による水分損失量の125〜150％が推奨されている[22]。ただし，運

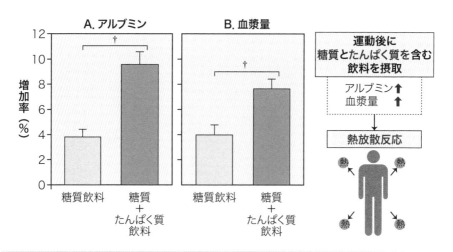

図5　暑熱環境下の連続したトレーニングにおける糖質とたんぱく質を含む飲料摂取の効果
5日間のトレーニング中のたんぱく質と糖質の摂取が，運動後のアルブミン（**A**），血漿量（**B**）と体温調節機能に及ぼす影響を検討した。運動直後にたんぱく質と糖質を含む飲料（エネルギー3.6 kcal/kg，たんぱく質0.36 g/kg）を摂取した場合，糖質のみの飲料を摂取した場合と比較して，アルブミンと血漿量の増加がみられた。（平均値±標準誤差，　†：p < 0.05）（文献8より一部改変）

動後では，水分補給以外に行うべきリカバリー（エネルギー補給など）も踏まえて栄養補給計画を立案する必要がある。

　また，運動後に水分とともに栄養素（食品）を同時に摂取することは，体水分量の保持に役立つ可能性が指摘されている。暑熱環境下の連続した5日間のトレーニング時（運動直後）に，たんぱく質と糖質を含む飲料を摂取した場合（エネルギー 3.6 kcal/kg，たんぱく質 0.36 g/kg），糖質のみの飲料を摂取した場合と比較して，血漿量と体内で水分調整を行う血中のたんぱく質（アルブミン）の増加がみられ（**図5**），運動時の熱放散反応も改善される[8]。ほかにも，たんぱく質と糖質を含む牛乳は，運動後の体液バランスの回復に効果がある可能性が示されている[10]。暑熱環境下の試合やトレーニング時に，糖質とたんぱく質を含む飲料を摂取することで，コンディション維持や向上に役立つ可能性がある。運動後は，次のトレーニング，もしくは翌日のコンディションを良好に保つために，速やかにリカバリーを行うことが求められる。運動後に筋グリコーゲンを効率よく回復させるためには，①糖質（体重1 kgあたり1.0〜1.2 g）もしくは，②糖質（体重1 kgあたり0.8 g）とたんぱく質（体重1 kgあたり0.4 g）を組み合わせて摂取することが必要となる。個人の体重や運動強度に合わせて，計画的に**補食**を準備しておくことが望ましい。また，暑熱環境下の運動は，運動後の筋内のアンモニア濃度の増加，すなわち体たんぱくの分解を亢進させる可能性があるとされている[3]。運動に伴う筋合成は，主に摂取したたんぱく質に含まれる**必須アミノ酸**（生体内では合成されず，食物から摂取が必要なアミノ酸）の含有量によって決定されるため，運動後には補食と食事から十分な量・質のたんぱく質をできるだけ早く摂取することが求められる。

5.　暑熱環境と食欲

5.1　暑熱環境下の運動で生じる食欲低下

　アスリートの中には，暑熱環境下のトレーニングにより食欲が低下する者がいる。食欲低下が継続することにより体重が減少し，パフォーマンスやコンディションの低下につながることも少なくない。

　食欲は脳の視床下部で制御されており，これには体内で分泌される食欲を抑え

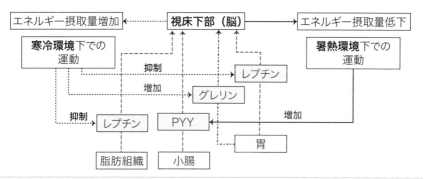

図 6　暑熱・寒冷環境下での運動時の消化管ホルモンの変化
PYY：ペプチド YY（文献 2 より一部改変）

る働きがあるホルモン〔レプチン，ペプチド YY（PYY）など〕，食欲増進に働くホルモン（グレリンなど）が大きく関与している。暑熱環境下の運動後には，食欲を抑制する働きのある PYY が増加する。一方，寒冷環境下の運動では，レプチンが減少，グレリンが増加し，暑熱環境下に比べて運動後のエネルギー摂取量が増加する（**図 6**）[2]。

5.2　暑熱環境下の食欲低下に対する対策

暑熱環境での食欲の低下に対して，外部冷却の効果が指摘されている。運動

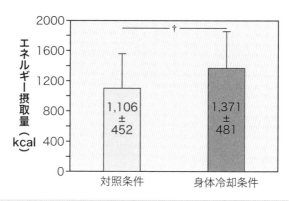

図 7　暑熱環境下の運動直後の身体外部冷却がエネルギー摂取量に及ぼす影響
繰り返しのスプリント運動終了後に 3 分の whole body cryotherapy（−140℃, 身体冷却条件）または，室温での休息（対照条件）を行い，運動 30 分後，ビュッフェ形式の食事によるエネルギー摂取量の調査を実施した。身体冷却条件でエネルギー摂取量の増加がみられた。（平均値 ± 標準偏差，†：p < 0.05）（文献 11 より一部改変）

直後の急速な外部身体冷却〔whole body cryotherapy（全身冷却療法）にて－140℃, 3分〕は，エネルギー摂取量を増加させた（**図7**）[11]。この研究では，食欲調節ホルモンの変化はみられなかったが，寒冷曝露はグレリン増加，レプチン低下などにより，食欲を増加させる効果が期待できる可能性がある。現時点ではまだ明確な科学的根拠は得られていないが，暑熱環境下の運動により食欲が減少するアスリートには，運動後の身体冷却（whole body cryotherapy, 冷水浴など）が食欲低下予防に有効な手段の1つとなる可能性が考えられる。

まとめ

多くのスポーツでは，アスリートが暑熱環境下でトレーニングや試合を行う必

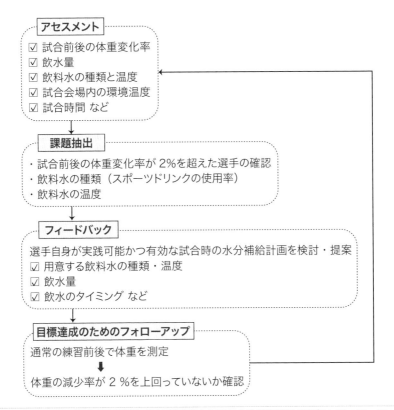

図8　バドミントン日本代表選手における国際大会時の水分補給状況の評価とフォローアップ
（文献12をもとに作図）

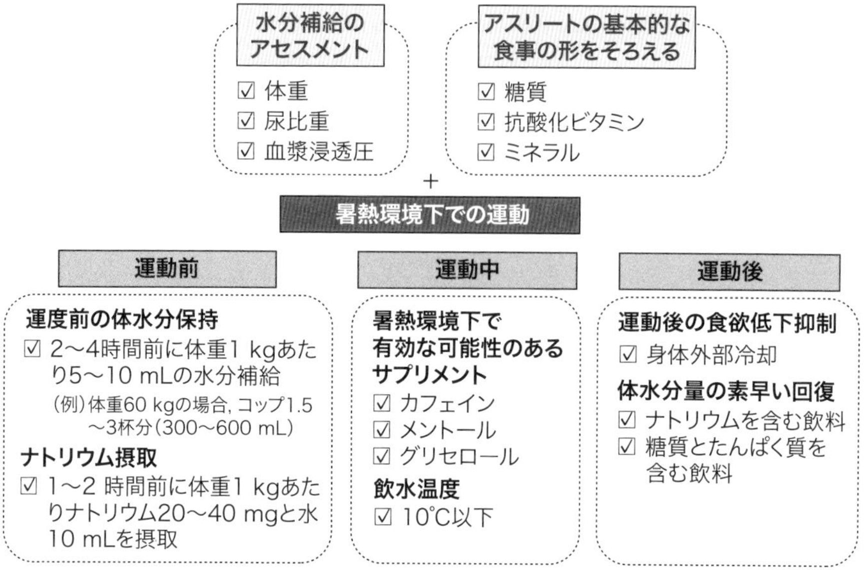

水分補給の アセスメント	アスリートの基本的な 食事の形をそろえる
☑ 体重 ☑ 尿比重 ☑ 血漿浸透圧	☑ 糖質 ☑ 抗酸化ビタミン ☑ ミネラル

＋

暑熱環境下での運動

運動前	運動中	運動後
運度前の体水分保持 ☑ 2〜4時間前に体重1 kgあた り5〜10 mLの水分補給 <small>(例)体重60 kgの場合, コップ1.5 〜3杯分(300〜600 mL)</small> **ナトリウム摂取** ☑ 1〜2 時間前に体重1 kgあた りナトリウム20〜40 mgと水 10 mLを摂取	**暑熱環境下で 有効な可能性のある サプリメント** ☑ カフェイン ☑ メントール ☑ グリセロール **飲水温度** ☑ 10℃以下	**運動後の食欲低下抑制** ☑ 身体外部冷却 **体水分量の素早い回復** ☑ ナトリウムを含む飲料 ☑ 糖質とたんぱく質を 含む飲料

図 9　暑熱環境下の競技現場における栄養戦略

要がある。パフォーマンスを最大限に発揮するため，栄養面では，アスリートの
基本的な食事の形をもとに，個々の課題をスクリーニングし，トレーニング内容
に合わせて栄養・水分補給計画を検討，立案することが重要である。例えば松本
らは，バドミントン日本代表選手に対する栄養サポートの一環として，国際大会
時の水分補給状況を体重や飲水量によって評価することを取り入れている[12]（図
8）。このように，アスリートの水分補給の状態を評価し，課題のあるアスリー
トには栄養教育を繰り返し行っていくことが重要である。また，暑熱環境下で脱
水や食欲の変化などによりコンディションを崩しやすいアスリートは，本稿で記
した栄養戦略を取り入れることで課題の解決に繋がる可能性がある。加えて，暑
熱環境下での食欲低下を防ぐためにも，身体冷却を取り入れることは有効である
可能性がある（図9）。

　本稿では，暑熱環境下の運動時に摂取することが有効な可能性のあるパフォー
マンスサプリメントを紹介した。これらの栄養素をサプリメントとして利用する
ことを決定する前に必ず，食事内容や水分補給方法など，サプリメントを利用す
る以外に改善すべき点がないかをよく考える必要がある。サプリメントは，副作

用やドーピング禁止物質の混入によるアンチ・ドーピング規則違反のリスクもあ
るため，慎重に判断しなければならない。

　暑熱環境下でトレーニングを行うアスリートの栄養に関する科学的根拠はまだ
乏しいのが現状であり，日々更新される情報を正しく理解することが求められる。
したがって，暑熱環境下のトレーニングのための栄養・水分補給計画やサプリメ
ント利用を検討するにあたっては，専門家（医師，スポーツファーマシスト，ス
ポーツ栄養士など）に相談することが望ましい。また，定期的に生化学検査や食
事調査によりモニタリングを行い，暑熱環境下の栄養戦略の有効性を適切に判断
する必要があるといえる。

文　　献

1) Armstrong LE: Assessing hydration status: the elusive gold standard. *J Am Coll Nutr*, 26(Suppl 5): 575-584, 2007.
2) Charlot K, Faure C, Antoine-Jonville S: Influence of hot and cold environments on the regulation of energy balance following a single exercise session: a mini-review. *Nutrients*, 9(6): 592, 2017.
3) Febbraio MA: Alterations in energy metabolism during exercise and heat stress. *Sports Med*, 31: 47-59, 2001.
4) Fitt E, Pell D, Cole D: Assessing caffeine intake in the United Kingdom diet. *Food Chem*, 140: 421-426, 2013.
5) Ganio MS, Armstrong LE: Effect of caffeine on internal temperature. *Eur J Appl Physiol*, 112: 1977-1978, 2012.
6) Gillis DJ, House JR, Tipton MJ: The influence of menthol on thermoregulation and perception during exercise in warm, humid conditions. *Eur J Appl Physiol*, 110: 609-618, 2010.
7) Gomez-Cabrera MC, Domenech E, Romagnoli M, et al.: Oral administration of vitamin C decreases muscle mitochondrial biogenesis and hampers training-induced adaptations in endurance performance. *Am J Clin Nutr*, 87: 142-149, 2008.
8) Goto M, Okazaki K, Kamijo YI, et al.: Protein and carbohydrate supplementation during 5-day aerobic training enhanced plasma volume expansion and thermoregulatory adaptation in young men. *J Appl Physiol*, 109: 1247-1255, 2010.
9) Hillman AR, Vince RV, Taylor L, et al.: Exercise-induced dehydration with and without environmental heat stress results in increased oxidative stress. *Appl Physiol Nutr Metab*, 36(5): 698-706, 2011.
10) James L: Milk protein and the restoration of fluid balance after exercise. *Med Sport Sci*, 59: 120-126, 2012.
11) Kojima C, Kasai N, Kondo C, et al.: Post-Exercise Whole body cryotherapy (−140° C) increases energy intake in athletes. *Nutrients*, 10(7): 893, 2018.
12) 松本なぎさ, 飯塚太郎, 舛田圭太 他：バドミントン日本代表選手における試合時の水

分補給に関する検討. 日本スポーツ栄養研究誌, 9: 80-84, 2016.

13) Maughan RJ, Burke LM, Dvorak J, et al.: IOC consensus statement: dietary supplements and the high-performance athlete. *Int J Sport Nutr Exerc Metab*, 28 (2): 104-125, 2018.

14) McCubbin AJ, Allanson BA, Odgers JNC, et al.: Sports Dietitians Australia position statement: nutrition for exercise in hot environments. *Int J Sport Nutr Exerc Metab*, 30: 83-98, 2020.

15) McDermott BP, Anderson SA, Armstrong LE, et al.: National Athletic Trainers' Association position statement: fluid replacement for the physically active. *J Athl Training*, 52(9): 877-895, 2017.

16) Pitchford NW, Fell JW, Leveritt MD, et al.: Effect of caffeine on cycling time-trial performance in the heat. *J Sci Med Sport*, 17(4): 445-449, 2014.

17) Racinais S, Alonso JM, Coutts AJ, et al.: Consensus recommendations on training and competing in the heat. *Scan J Med Sci Spor*, 25: 6-19, 2-15.

18) Racinais S, Casa DJ, Brocherie F, et al.: Translating science into practice: the perspective of the Doha 2019 IAAF world championships in the heat. *Front Sports Act Living*, 1: 39, 2019.

19) Riera F, Trong TT, Sinnapah S, et al.: Physical and perceptual cooling with beverages to increase cycle performance in a tropical climate. *PLoS One*, 9(8): e103718, 2014.

20) Sawka MN, Burke LM, Eichner ER, et al.: American College of Sports Medicine position stand: exercise and fluid replacement. *Med Sci Sports Exerc*, 39(2): 377-390, 2007.

21) Snipe RM, Khoo A, Kitic CM, et al.: Carbohydrate and protein intake during exertional heat stress ameliorates intestinal epithelial injury and small intestine permeability. *Appl Physiol Nutr Metab*, 42(12): 1283-1292, 2017.

22) Thomas DT, Erdman KA, Burke LM: American College of Sports Medicine joint position statement: nutrition and athletic performance. *Med Sci Sports Exerc*, 48(3): 543-568, 2016.

23) Valentine V: The importance of salt in the athlete's diet. *Curr Sports Med Rep*, 6(4): 237-240, 2007.

24) van Rosendal SP, Osborne MA, Fassett RG, et al.: Guidelines for glycerol use in hyperhydration and rehydration associated with exercise. *Sports Med*, 40(2): 113-139, 2010.

（石橋　　彩）

Chapter 18

睡　眠

はじめに

　近年，競技スポーツは高度化し，アスリートのトレーニングも高強度・高ボリューム化している。優れたアスリートであっても，計画通りのトレーニングを行えなかったり，コンディションを崩してしまったりすると，大会で良い成績をおさめることは難しい。このような状況を背景に，アスリートが心理的・身体的に良いコンディションを保つため，**リカバリー**の重要性が高まってきた。リカバリーに役立つ行為は多数あるが，その1つに**睡眠**がある。短期間の睡眠不足では，反応時間の延長，注意の低下，動きの正確性の低下が現れ，数日続くと筋力低下，特定の運動強度での心拍数，主観的運動強度の増加に，長期化すると血中テストステロン濃度の低下やスポーツ障害発生率の増加，抑うつ的な気分の発生につながることが報告されている。逆に睡眠時間を延長すると，反応時間が短縮し，スプリントタイムやバスケットボールのフリースローとスリーポイントシュートの

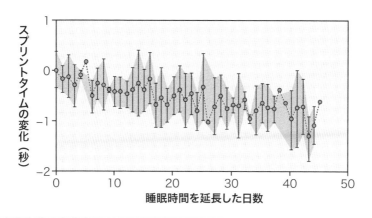

図1　**睡眠時間を延長した日数とスプリントタイム**（文献3より引用）

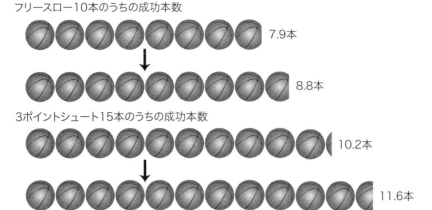

フリースロー10本のうちの成功本数

7.9本

8.8本

3ポイントシュート15本のうちの成功本数

10.2本

11.6本

図2　5〜7週間の睡眠時間延長がフリースローとスリーポイントシュートの成功率にもたらした効果

成功率が高まったという報告がある[3]（**図1，図2**）。このように，睡眠の状態は身体に各種の影響を及ぼす。

1.　夏季の睡眠の特徴

　睡眠を考える際には，量（時間），質，タイミングの3つの視点がある。そのうち睡眠時間と睡眠の質について，夏季には他の季節と異なる特徴がある。その特徴には，日照時間が長いことと日光の照度が高いことが関係している。

2.　睡眠時間

　ドコモ・ヘルスケアがウェアラブルデバイスの利用者26,302名を対象に1年間にわたり睡眠時間を調査した結果[1]によれば，最も睡眠時間が短かったのは男女とも7月末であり，睡眠時間が最も長かった1月上旬よりも男性は26.4分，女性は28.8分短かった（**図3**）。

　また，日本人1,200名の睡眠行動を質問紙で調べた白川らの結果[7]を水野がまとめたもの（**図4**）[5]によれば，夏季の就床時刻が最も遅く，また起床は夏季

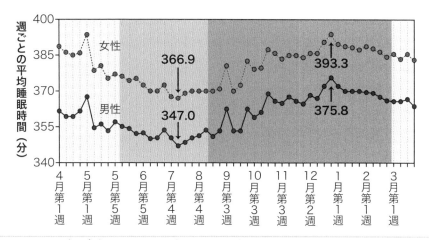

図3　ウェアラブルデバイスで調べた日本人 26,302 名の睡眠時間
睡眠時間が最も短かったのは 7 月末，最も長かったのは 1 月上旬であった。（文献 1 より引用）

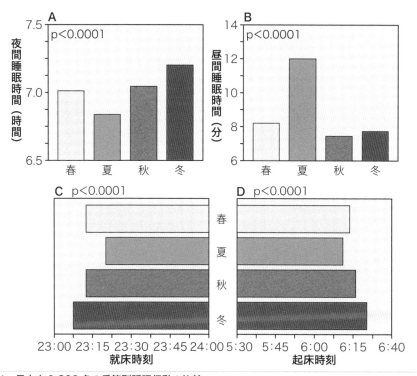

図4　日本人 1,200 名の季節別睡眠行動の比較
A：夜間睡眠時間，**B**：昼間睡眠時間，**C**：就床時刻，**D**：起床時刻。夏季は就床時刻が最も遅く，起床時刻が最も早い。そのため，昼間の睡眠時間が長い。（文献 5 より引用）

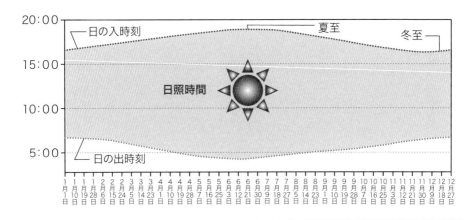

図5　東京の日の出・日の入時刻
夏季は日照時間が長い。（文献2より改変）

が最も早いため，夏季の睡眠時間が四季の中で最も短い。また，それを補うため
か，昼間の睡眠時間は，四季の中で夏が最も長い。

　約1日の周期をもつ身体のリズムを，**概日リズム**とよぶ。概日リズムは，体温，
ホルモンの分泌，血中生化学物質，睡眠/覚醒，気分や精神作業能力などの脳機
能，筋力などの運動機能などで観察され，相互に影響を及ぼし合いながら，昼に
は活動しやすく，夜には眠りやすいよう，身体の状態を整えている。概日リズム
の背景には，**体内時計**の存在があり，そのメカニズムとして時計遺伝子などが考
えられている。この体内時計は身体の至るところにあるが，これらを支配する主
時計（マスタークロック）は脳内の視交叉上核にある。そして，この主時計の最
も強い同調因子は高照度光である。

　図5に東京の1年間の日の出・日の入時刻を示した。この2つの時刻の差が
日照時間であり，夏季は日照時間が長い。また夏季は太陽高度が高いため，日光
の照度が高い。この夏季の長い日照時間や照度の高い光が主時計に影響を及ぼす
ことで，覚醒時間は長く，夜間睡眠時間が短くなると考えられている[5]。このよ
うに，夏季には睡眠時間が短くなりやすい背景がある。

3. 睡眠時間の短縮を防ぐ・補うための対策

3.1 冷房・遮光カーテンの利用

　夏季の睡眠時間短縮は，高温環境や，早朝に寝室へ日光が差し込む（室内が明るくなる）ことが一因である。そのため，冷房や遮光カーテンを利用するとよいだろう。冷房の使い方については，後述する。

3.2 仮眠

　夏季は夜間睡眠時間が短く，睡眠の質も悪化しやすいため，必要に応じて仮眠をとるとよい。夜間睡眠に影響を及ぼさないよう，時間帯は午後の早めの時間が望ましい。

　深い眠りから急に目覚めると身体はだるく動きにくいので，深い眠りに入るまでの 15 分程度の短い仮眠をとるか，長時間仮眠する場合は，仮眠終了から運動・トレーニング開始までの間を 1 時間半ほどあけるとよいだろう。

4. 睡眠の質

　日本の夏季が高温多湿なことも，睡眠時間や睡眠の質に影響を及ぼす重要な因

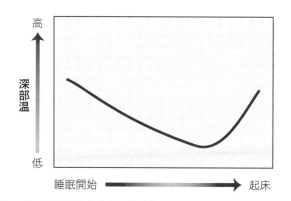

図6　快適な環境で眠った場合の睡眠中の深部体温の変化
深部体温は睡眠少し前から低下し始め，睡眠開始から 3 〜 4 時間後に最も低くなった後，起床に向けて少しずつ上昇する。

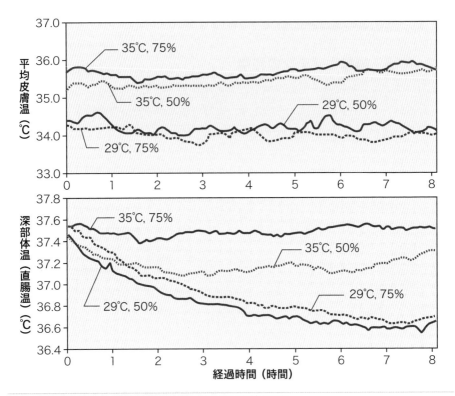

図7　高温多湿環境が睡眠中の皮膚温と深部体温に及ぼす影響
図中の数字は室温（℃）と湿度（％）を示す。高温，多湿ともに深部体温の低下を妨げるが，その両方が組み合わさると深部体温の低下を最も妨げる。（文献6より引用）

子である。これには睡眠中の体温調節が関与している。

　快適な環境で眠る場合，睡眠開始の少し前から睡眠前半にかけて手足など末梢への血流が増加し，そこから放熱が促進され，その結果，深部体温は低下する。この深部体温の低下は眠り始めるとさらに進み，睡眠開始から3〜4時間後に最も低くなった後，起床に向けて少しずつ上昇する（図6）。しかし，高温環境では皮膚温と環境温の差が小さく，多湿環境では汗の蒸発による体熱の放散の有効性が低下するので，熱が体外へ逃げにくい。そのため，高温および高温多湿の環境下では，就寝前から睡眠中にかけての深部体温の低下がスムーズに行かず（図7）[6]，中途覚醒や浅い眠り（睡眠段階1）が多くなったり，深い眠り（徐波睡眠）が減ったりする（図8）[4]。

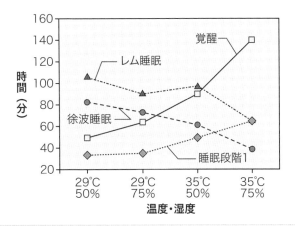

図8　高温多湿環境が睡眠に及ぼす影響
縦軸：8時間の就床時間中に占める各睡眠段階の時間，横軸：温度・湿度，覚醒：脳波上の覚醒，
睡眠段階1：浅いノンレム睡眠，徐波睡眠：深いノンレム睡眠。高温多湿環境では中途覚醒や
浅い眠り（睡眠段階1）が多くなったり，深い眠り（徐波睡眠）が減ったりする。（文献4より引用）

5. 快適に眠り，気持ちよく起きるための対策

　夏の場合，快適に眠れる環境温は25〜28℃，湿度は40〜60％RH（相対湿度）といわれる。

　質の良い睡眠をとり，翌朝すっきりと目覚めるためには，①就寝前から睡眠前半にかけて，深部体温が円滑に低下し，②明け方，起床に向けて深部体温が上昇する，という一連の過程がうまく行くことが重要である。これらを手助けする事柄をいくつか紹介する。

5.1　昼間の遮光・遮熱

　レースのカーテン，ブラインド，簾，グリーンカーテンなどを活用し，室温が上がるのを緩和するとよいだろう。

5.2　入浴

　一般的には，40℃くらいの湯温の入浴で深部体温を一時的に上げると，その後大きく深部体温が低下し，夜間睡眠の質を高めるのに有効といわれる（**図9**）。

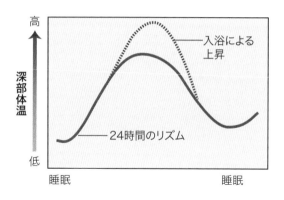

図9　深部体温の24時間のリズムと入浴

冷房が効いていて入浴後に深部体温がスムーズに下がる場合には，通常の温度の入浴でよい。しかし，炎天下で長時間運動した後など深部体温が下がらず身体が火照り続けている場合や，冷房の温度をあまり下げたくない場合は，体温より少し低い33〜35℃ぐらいの湯温で，20分ほど浸かって身体の熱を逃がし深部体温を下げると，その後眠りやすいだろう。

5.3　冷房の利用

5.3.1　就寝2時間ほど前から冷房をつける

　日中，寝室の壁や家具も暖められている。冷房をつけると，部屋の空気はすぐに冷えるが，壁や家具はすぐには冷えないので，冷房が止まった途端，寝室の壁や家具からの輻射熱で，室内の空気が再度暖められてしまう。それを防ぐには，眠る前から冷房をつけておき，寝室内の壁や家具も冷やすようにする。

5.3.2　冷房をつけておく際にベッドカバーや掛布団をはずしておく

　敷布団と掛け布団の両方について，身体が触れる面を冷やしておく。

5.3.3　冷房のタイマーを使うかどうかは起床時の体調で判断する

　就寝から起床まで冷房を使い続けた場合，特に温度を低めに設定した場合には，睡眠前半では冷房が体温の低下を手助けしよく眠れるが，睡眠後半に起床に向け

て体温が上がるのを妨げてしまうので，すっきりと起きられず，「身体がだるい」と感じやすくなる。このような場合には，睡眠開始から４時間程度で停止するように冷房のタイマーをセットするとよい。タイマーが切れた後，また暑くなって目が覚めてしまう場合は，少し設定温度を上げて，一晩中冷房を使うとよい。

5.3.4　冷気を直接身体にあてないようにする

睡眠中，冷気が身体に直接あたり続けると，身体を冷しすぎ，明け方の体温上昇が十分でなくなることがある。冷房機の真下にベッド・布団を配置しないなどの工夫をするとよいだろう。

5.3.5　除湿

冷房の除湿機能や，専用の除湿機を使って，湿度を下げる。汗が蒸発しやすく快眠につながりやすくなる。冷房の効き具合もよくなる。

5.3.6　気流

扇風機やサーキュレーターがある場合は，併用すると，効率よく部屋を冷やすことができる。

5.4　冷房を使わない場合の対策

5.4.1　気流

室内に気流があると涼しく感じることができる。また，気流がない場合よりも睡眠開始時の深部体温の低下が大きくなり（**図10**）[8]，寝つきやすくなる。

窓を開ける場合には，風が入る窓と出る窓の２つを，風が通り抜けやすいよう，配置を考えて選ぶ。可能なら，風通しの良い場所にベッド・布団を置くとよいだろう。扇風機や風力の強いサーキュレーターを用いて室内に気流をつくるのも効果的である。

5.4.2　冷却グッズの利用

氷枕やジェルシートなどを利用し，身体を冷やすという方法もある。氷枕は，そのままだと冷たすぎて，かえって眠れなくなってしまうことがあるので，薄手

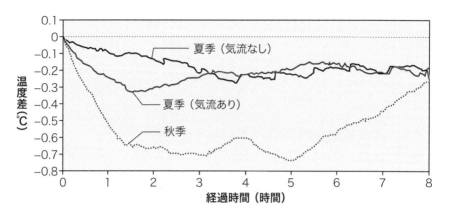

図10　夏季で気流があった場合，なかった場合と秋季の睡眠中の深部体温の変化
気流がある方が睡眠中の深部体温がスムーズに低下する。温度差：就寝開始時をゼロとした時の深部体温の変化量。(文献8より引用)

のタオルを1枚かけて調節するとよいだろう。

　ジェルシートは，冷蔵庫で長時間冷やしたものを使用する。いくつかのタイプがあり，冷却効果のほか，肌触り，カバーを洗濯できるかなども心地よく使い続けるためのポイントとなる。

5.5　寝具

　寝具内の温度・湿度は，寝返りを打つ際に調節される。寝返りを打ちにくいと，寝具内の熱や湿気が外へ逃げにくく，睡眠が妨げられやすくなる。

5.5.1　掛け寝具

　軽く，放湿性のよいものを選ぶ。

5.5.2　敷き寝具

　柔らかすぎる寝具は避ける。身体が沈み込むほどに柔らかすぎる敷き寝具は，寝返りが打ちにくいうえ，身体との接触面積が大きく，熱や湿気が寝具内にこもりやすくなるため，避ける方がよい。

5.6　衣服

ゆったりとしたサイズで袖口が広いものが，熱を逃がしやすくてよい。

文　　献

1) ドコモ・ヘルスケア：やはり暑さが原因！？　夏は冬に比べて睡眠時間が約30分減少！　就寝中に目覚める"中途覚醒時間"も冬より2分長くなることが判明！　https://prtimes.jp/main/html/rd/p/000000059.000016519.html

2) 日の出・日の入りマップ：https://hinode.pics/state/code/13

3) Mah CD, Mah KE, Kezirian EJ, et al.: The effects of sleep extension on the athletic performance of collegiate basketball players. *Sleep*, 34(7): 943-950, 2011.

4) 水野一枝：睡眠と環境．In: 上里一郎 監，白川修一郎 編，睡眠とメンタルヘルス−睡眠科学への理解を深める−．ゆまに書房，東京，pp.135-155, 2006.

5) 水野　康：生体リズムとそのメカニズム．In: 上里一郎 監，白川修一郎 編，睡眠とメンタルヘルス−睡眠科学への理解を深める−．ゆまに書房，東京，pp.45-69, 2006.

6) Okamoto-Mizuno K, Mizuno K, Michie S, et al.: Effects of humid heat exposure on human sleep stages and body temperature. *Sleep*, 22(6): 767-773, 1999.

7) 白川修一郎，大川匡子，内山　真 他：日本人の季節による気分及び行動の変化．精神保健研究，39: 81-93, 1993.

8) 梁瀬度子：温熱環境．In: 鳥居鎮夫 編，睡眠環境学．朝倉書院，東京，pp.152-157, 1999.

（星川　雅子）

　アスリートは，オフ期間やケガなどによってトレーニングを一時的に中断する機会があり，さらに不測の事態によりトレーニングが中断される可能性もある。例えば，2020 年の新型コロナウイルス感染症（COVID-19）の感染拡大に伴う緊急事態宣言の発令の結果，数ヵ月間スポーツ活動が中断された。このようなトレーニングの一時的な中断は，トレーニング再開後の熱中症の発症リスクを高める可能性があり，中断の期間が長くかつ再開の時期が夏季である場合，熱中症に十分に注意を払う必要がある。本コラムでは，トレーニング再開時の熱中症の発症リスクとその対策について概説する。

トレーニング中断による持久性運動パフォーマンスの低下と身体組成の変化

　トレーニングを中断，もしくはトレーニング量が減少すると，身体機能とパフォーマンスレベルは一時的に低下する。1 ～ 2 ヵ月程度のトレーニングの中断による身体組成，瞬発性・持久性運動パフォーマンスの変化を図 1 に示した[6]。特に，熱中症の発症リスクと関連する持久性運動パフォーマンスの低下は著しい。球技系競技のパフォーマンステストとして用いられている Yo-Yo テスト〔Yo-Yo 間欠的回復力テストレベル 2（Yo-Yo Intermittent Recovery Test level 2：YYIR2），Yo-Yo 間欠的持久力テストレベル 2（Yo-Yo Intermittent Endurance Test level 2：YYIE2）〕は，10 ～ 30％程度減少する[6]。また，全身持久力の指標として用いられている最大酸素摂取量も，5％程

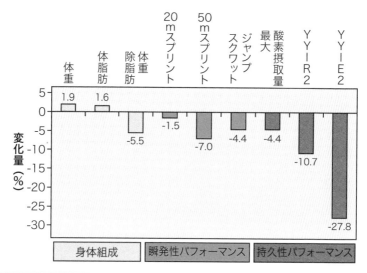

図 1　トレーニング中断による身体組成・パフォーマンスの変化
YYIR2：Yo-Yo 間欠的回復力テストレベル 2，YYIE2：Yo-Yo 間欠的持久力テストレベル 2
（文献 6 より引用）

度低下する[6]。このような持久性運動パフォーマンスの低下は，トレーニング中断から2週間程度で顕著になる。

　さらに，体重と体脂肪はそれぞれ2%程度増加し，除脂肪体重は5%程度減少する[6]。このような身体組成の変化は，熱中症の発症リスクを向上させる[2]。

持久性運動パフォーマンスと熱中症

　持久性運動パフォーマンスが高いアスリートは，低いアスリートと比較して，熱中症になりにくい特性を有している（図2）。例えば，持久性運動パフォーマンスが高いアスリートは，安静時の深部体温が低いことが知られている[1]。運動前の深部体温が低いため，運動中の貯熱量（体温上昇の許容量）を大きくすることができる。さらに，持久性運動パフォーマンスが高いアスリートは，運動開始後の皮膚血管の拡張と発汗が早く始まり，さらに運動中の発汗率が高く，熱放散機能に優れている[1]。また，諸刃の剣となるため注意が必要であるが，トップアスリートは運動中に深部体温が臨界閾値（40℃）を上回ったとしても，熱中症が発症しない場合もある[1]。実際に，世界選手権自転車競技大会ロードレース出場選手の25%は，レース中に深部体温が40℃を超えており，そのうち3人のメダリストは深部体温が40.5℃を超えていた[5]。

　これらの持久性運動パフォーマンスの違いによる深部体温の上昇抑制効果は，被験者間の比較（持久性運動パフォーマンスが高いアスリートと低いアスリートの比較）だけではなく，被験者内の比較（持久性運動パフォーマンスの低いアスリートが，持久性運動パフォーマンスを高めた場合）でも同程度報告されている[1]。さらに，この持久性運動パフォーマンスの向上による深部体温上昇抑制効果の大きさは，暑熱順化と同等か，それ以上である[1]。しかし，トレーニングの中断による持久性運動パフォーマンスの低

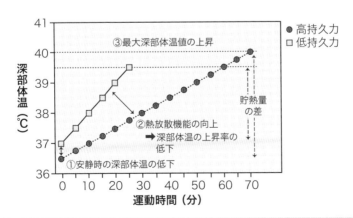

図2　持久性運動パフォーマンスの優劣と深部体温の変化の概念図

下は著しいため，持久性運動パフォーマンスと熱中症の関係を鑑みると，トレーニング再開時のアスリートは，熱中症の発症リスクが非常に高い。

トレーニング中断による暑熱順化の衰退

　暑熱順化によって熱耐性が高まったアスリートがトレーニングを中断した場合，トレーニング再開時には暑熱順化の効果が低下している可能性がある。暑熱順化による主な身体的適応として，運動中の心拍数の低下，安静時の深部体温の低下，発汗機能の向上があげられる（詳細は Chapter 8 を参照）。一方で，暑熱下のトレーニングを休止した場合，暑熱順化によって得られた身体的適応は，徐々に失われる[3]。暑熱順化によって得られた心拍数の低下と深部体温の低下は，運動休止 1 日につきそれぞれ 2.3%，2.6%程度ずつ衰退することが知られている。また，発汗機能の改善は，特に衰退が早く，運動休止から 20 日程度で消失する。これらの身体的適応の衰退に伴い，持久性運動パフォーマンスの改善も 1 〜 2 週間程度で消失する。

トレーニング中断による熱中症発症リスク上昇に対する対策（図3）

　トレーニングの長期の中断からの再開時には，運動強度を段階的に増加させていくこと，トレーニング中の休息を十分に設けることが望まれる[4]。運動強度に関して，再開 1 週目では中断前のトレーニング強度の 50%程度から開始し，1 週ごとに 10%程度ずつ増加させるとよい。1 週につき 10%以上の強度を増加させた場合，熱中症のみならず，一般的なスポーツ外傷・障害のリスクが高まることにも注意したい[4]。加えて，再開 1 週目ではトレーニング中の運動：休息比を 1：4 以上に，再開 2 週目ではトレーニング中の運動：休息比を 1：3 以上にすることが望まれる。

　トレーニング中断中の過ごし方では，ケガなどで運動休止を余儀なくされる場合を除

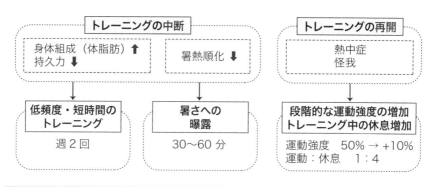

図3　トレーニング中断による熱中症発症リスク上昇に対する対策

き，運動強度にかかわらず週 2 回，短時間のトレーニング（ジョギングやストレッチ）を行うことで，身体組成の悪化や持久性運動パフォーマンスの低下を抑制できる（競技レベルが高いほど，運動強度を高くする）[6]。また，暑熱順化を獲得した後にケガなどで運動休止を余儀なくされる場合は，暑さへの曝露（例：サウナや 40℃ 程度の湯船を利用，30 〜 60 分程度）によって，暑熱順化の衰退を最小限に留めることができる[3]。さらに，暑熱順化を一度獲得すれば，トレーニング中断によって衰退したとしても，再獲得は速やかである。心拍数の低下は中断日数の 1/8，深部体温の低下は中断日数の 1/12 のトレーニング日数で再獲得される[3]。

文　献

1) Alhadad SB, Tan PMS, Lee JKW: Efficacy of heat mitigation strategies on core temperature and endurance exercise: a meta-analysis. *Front Physiol*, 10: 71, 2019.
2) Cramer MN, Jay O：Biophysical aspects of human thermoregulation during heat stress. *Auton Neurosci Basic Clin*, 196: 3-13, 2016.
3) Daanen HAM, Racinais S, Périard JD: Heat acclimation decay and re-induction: a systematic review and meta-analysis. *Sport Med*, 48: 409-430, 2018.
4) Gabbett TJ. The training-injury prevention paradox: should athletes be training smarter and harder? *Br J Sports Med*, 50: 273-280, 2016.
5) Racinais S, Moussay S, Nichols D, et al.: Core temperature up to 41.5℃ during the UCI Road Cycling World Championships in the heat. *Br J Sports Med*, 53: 426-429, 2019.
6) Silva JR, Brito J, Akenhead R, et al.: The transition period in soccer: a window of opportunity. *Sport Med*, 46: 305-313, 2016.

（柳岡　拓磨）

索　引

スポーツ現場における暑さ対策
スポーツの安全とパフォーマンス向上のために

2021 年 6 月 18 日　第 1 版　第 1 刷

編著者	長谷川　博　Hiroshi Hasegawa
	中村　大輔　Daisuke Nakamura
発行者	長島　宏之
発行所	有限会社ナップ
	〒 111-0056　東京都台東区小島 1-7-13 NK ビル
	TEL 03-5820-7522 ／ FAX 03-5820-7523
	ホームページ　http://www.nap-ltd.co.jp/
印　刷	三報社印刷株式会社